RENMINBI HUILV
Lishi Xianzhuang He Weilai

人民币汇率：

历史、现状和未来

毕吉耀 张岸元 陈长缨 张一 张哲人 等著

人民出版社

目录
CONTENTS

前　言

　　长期以来，我们一直对人民币汇率及相关问题进行跟踪研究。从 1994 年汇率并轨，到 1997 年亚洲金融危机，从 2005 年二次汇改，到 2010 年重启汇改，虽然不同时期我们关注研究的重点有所不同，但概括起来说，无外乎四个方面：一是什么样的汇率水平较为合适，二是通过什么样的汇率制度实现汇率水平的调整，三是分析汇率变动对经济增长、价格水平、就业和国际收支等重要宏观经济变量的影响，四是如何回应和应对国际社会对人民币汇率问题的关切和指责。

　　回顾十多年来人民币汇率问题的发展演化历程，我们深感，没有一个时期像眼下一样，围绕上述四方面问题的争论如此激烈、研究结论如此莫衷一是、相关的政策建议相差如此之大。究其原因，是因为人民币汇率水平的变动，不仅关乎中国的出口、就业、经济增长和产业结构调整，而且也受到中国主要贸易伙伴的高度关注。鉴于此，我们尝试从梳理相关汇率理论、回顾人民币汇率制度改革发展历程、分析人民币汇率水平变动对宏观经济主要变量的影响，以及围绕人民币汇率问题的国际纷争等方面，力求对人民币汇率及相关政策问题进行较为系统客观的分析，以期为今后深化人民币汇率形成机制改革和制定更加可行的人民币汇率政策提供可资借鉴的参考。

　　在长期的研究过程中，我们深深体会到，有关汇率决定的理论和学说众多，分析汇率变动对主要宏观经济影响所依据的理论框架和经济模型也不尽相同，得出的结论和政策建议更是千差万别。这种情况表明，对人民币汇率及相关政策问题的研究，不能拘泥于某一种或几种理论和模型，而是要博采众长，从中国经济的实际情况和现实需要出发，进行综合、客观和有针对性的研究分析，以更好地服务于人民币汇率形成机制改革和中国经济发展的现实需要。

在汇率水平方面，十几年来，中国经济特别是对外经济贸易发展的实际情况表明，不同时期人民币汇率水平和变动方向，基本上符合中国经济发展的内在要求，不足之处是没有根据国内外经济条件变化及时调整，在一定程度上助长了外贸顺差规模的扩大和外汇储备规模的急剧膨胀，造成外汇占款过多和货币政策操作受到影响。当然，关于汇率水平是否恰当，事前往往难以通过分析预测加以准确把握，只能事后通过经济运行的效果加以判断。比如，在2005年改革人民币汇率形成机制和人民币汇率升值之前，各种实证研究和行业调研情况都认为多数出口企业大约只能承受5%的汇率升值。但汇改以来的情况表明，尽管人民币兑美元汇率升值20%，并且人民币实际有效汇率升值幅度也超过20%，但中国出口增长的步伐并没有因此放慢，多数出口企业还是能够通过各种方式积极应对和适应人民币升值。

在汇率制度方面，逐步增大人民币汇率弹性、不断完善以市场供求为基础的有管理的浮动汇率制度是我国人民币汇率改革的基本方向。多数国内外研究者也赞同人民币汇率制度改革需要经过若干阶段，分步骤加以实施。但不同时期人民币汇率制度选择是众多政策目标冲突的折中结果。从国内看，经济发展阶段、宏观经济管理体制、金融市场化水平，构成人民币汇率机制决定的重要内在约束。其中，最后一点，即金融市场化水平的制约，尤其重要。汇率是人民币的对外价格、利率是人民币的对内价格，但利率市场化改革进展依然滞后，金融市场深度和广度依然不足，在很大程度上制约着人民币汇率形成机制改革。从国际上看，人民币汇率形成机制改革也受到国际环境变化的影响。例如，亚洲金融危机期间，为稳定地区经济金融形势和避免出现竞争性贬值，我国主动收窄人民币汇率波动幅度，保持人民币对美元汇率的基本稳定。又如，此次国际金融危机爆发后，为缓解外需急剧缩减对我国出口的巨大冲击和维护国际金融市场的稳定，我国再次实施特殊的汇率政策，主动收窄人民币汇率波动区间。

关于汇率变动的国内影响，现有理论和我们的实证分析表明，人民币汇率变动经济增长、物价水平、就业和国际收支等都具有广泛的影响，并且传导机制复杂，影响程度各不相同。从短期看，人民币升值对出口、就业和经济增长确实会产生一定的负面影响，但从长期看，人民币升值还是有利于引导资源向内需部门转移，促进经济结构调整，有利于我国经济增长模式逐步从外需拉动型向内需主导型转变，最终有利于经济协调发展和就业增加。当然，在增加人民币汇率弹性和调整人民币汇率水平的过程中，应坚持自主性、渐进性和可控性原则，避免出现短期内人民币汇率大幅波动可能造成的宏观经济不稳定。

国际金融危机爆发后，美国等发达国家为防止金融体系崩溃和抑制经济衰退，纷纷采取规模空前的大规模经济刺激计划，实施极度宽松的财政政策和货币政策，美联储在大幅降低利率的同时，还通过购买不良资产和国债等方式向金融系统大量注入流动性，导致财政赤字飙升和美元大幅贬值，欧盟部分成员国爆发主权债务危机，欧元汇率剧烈波动，主要国际货币之间的汇率关系出现显著调整。与此同时，人民币汇率保持相对稳定，对维护国际货币金融体系的稳定发挥了积极作用。

随着全球经济逐步走向复苏，中国经济回升向好趋势不断巩固，而美欧等发达国家仍陷于经济复苏滞缓、失业率居高不下、债务风险高企的困境，在继续维持低利率政策的同时，又开始实施新一轮的量化宽松货币政策，美元汇率在可预见的将来仍有可能继续贬值，欧元汇率受困于主权债务危机脱离也难以走强，人民币汇率被动升值的压力进一步增大。这种情况表明，无论是人民币汇率形成机制的进一步改革，还是人民币汇率水平的调整，不仅要服从国内经济发展和宏观调控的需要，而且也会受到国际因素的制约。从长期看，在继续推进人民币汇率形成机制改革的同时，也要推动建立更加公平合理的国际货币体系，促进全球经济实现持续、稳定和平衡增长，从而为深化人民币汇率改革创造有利外部条件。

作者长期从事国际经济和宏观经济政策研究，也曾参与有关人民币汇率形成机制改革和外汇储备多元化运用等方面的政策研究，这本著作可以说是作者多年研究成果的结晶，希望能够对感兴趣的读者起到管中窥豹的作用。但是，鉴于作者的学识和研究深度不足，书中难免存在遗漏甚至谬误，也敬请批评指正。

著者
2012 年 10 月

第一章
汇率和汇率制度

　　汇率和汇率制度是当今国际政治经济关系中的热点敏感问题。在金本位和银本位时代，由于各国货币都有法定的含金量或含银量，各国货币之间的兑换关系是以所含金银量及相关运输成本为基础确定的，汇率关系相对稳定，汇率很少成为影响国际政治经济关系的因素。随着各国开始发行不可兑换的主权信用货币以取代金本位和银本位货币之后，由于各国实行不同的汇率制度和汇率政策，各国货币之间汇率变动日趋频繁，波动幅度增大，对国际贸易、投资、收入分配等方面的影响越来越大。

一　汇率及其决定因素和主要影响

（一）汇率的含义

　　外汇汇率也称为外汇汇价，是不同国家或经济体货币之间兑换的比率或比价，也可以说是以一种货币表示的另一种货币价格。由于是相对价格，因而汇率的表现方法就出现了直接标价法和间接标价法两种常用的标价方法。

直接标价法是以一定单位的外国货币为标准，计算出折合多少单位的本国货币，也就是为兑换一定单位的外国货币，应该支付多少单位的本国货币。间接标价法是以一定单位的本国货币为标准，计算出折合多少单位的外国货币。

一般说来，经济实力强、货币可自由兑换、在国际经济交往中可充当一般等价物和储备货币的国家多采用间接标价法，如美国、英国和欧元区等均采用间接标价法。而那些经济实力弱、货币可兑换程度低、在国际经济交往中不被广泛接受的国家和地区则采用直接标价法。我国人民币采用的就是直接标价法，如 2010 年 6 月 1 日，美元兑人民币的汇率是 6.8279，也就是 1 美元可以兑换 6.8279 元人民币。

（二）汇率的几种常用分类方法

汇率的基本含义是不同货币之间的兑换率或比价，但在外汇交易、贸易结算等国际金融实务中，还可以衍生出具有不同内涵和特定用途的汇率概念；此外，从国际金融理论和经济分析的角度，也可区分不同的汇率种类。

1. 买入汇率、卖出汇率和中间汇率

这是从银行买卖外汇角度进行的划分。买入（卖出）汇率是指银行从客户买入（卖出）外汇时所使用的汇率，一般而言，银行的买入汇率与卖出汇率之间存在一定差价，而这一差价就构成银行的外汇买卖收入。买入汇率与卖出汇率的平均价格称作中间汇率，中间汇率往往被用于说明汇率变动趋势，在经济分析中广泛采用的就是中间汇率。

2. 即期汇率和远期汇率

这是从外汇交易期限角度进行的划分。即期汇率是指外汇市场的实时交易汇率或银行等金融机构对客户提供汇兑业务时的实时挂牌汇率，外汇市场按即期汇率成交的外汇买卖一般在两个营业日内办理交割手续，而客户在银行等金融机构按挂牌汇率进行的小额汇兑业务一般即刻交割。目前，我国个人在境内银行拿外汇现钞或现汇兑换的汇率就是即期汇率。远期汇率是指买卖双方预先签订合约，约定在未来某一日期按照协议交割所使用的汇率。远期汇率是以即期汇率为基础，综合考虑未来汇率波动和相关汇率利率变化等情况，对即期汇率进行一定幅度调整所形成的汇率。远期汇率与即期汇率之间的差价俗称升水或贴水。在直接标价法下，远期汇率高于即期汇率称之为升水，也就是远期外汇将比即期更"值钱"，反之就称为贴水。按交割时间不同，一般有 7 天、1 个月、3 个月、6 个月、9 个月和 12 个月等主要远期汇率。

3. 官方汇率和市场汇率

这是从外汇管制程度角度进行的划分。官方汇率是指外汇管制较严格的国家授权其外汇管理当局制定的本国货币与外国货币的汇率。实行官方汇率的国家一般没有自由买卖的外汇市场，外汇交易必须按照官方汇率进行。市场汇率是指外汇管制较宽松国家在自由外汇市场上进行交易、由市场供求关系形成的汇率。在一些逐步放松外汇管制、建立外汇市场的国家，有可能出现官方汇率和市场汇率同时并存的状况，在官方所规定的范围内使用官方汇率，而在外汇市场上使用市场汇率。我国在 1980—1993 年期间曾经实行官方汇率与市场汇率并存的"双轨制"，不同类型的外汇交易通过不同渠道、以不同外汇价格结算。

4. 固定汇率和浮动汇率

这是从汇率制度角度进行的划分。固定汇率是指本国货币与其他国家货币维持一个固定比率，汇率波动只能限制在一定狭小的范围内，由官方干预来保证汇率稳定。比如，当外汇市场上外币供给过多，官方必须买入外汇，使市场供求关系平衡，以保持汇率稳定，反之则相反。浮动汇率是指汇率不由官方制定，而由外汇市场的供求关系决定，可以自由浮动。但是，浮动汇率一般并不意味着官方完全不干预市场。当汇率出现过度波动时，官方也可能通过买卖外汇对市场进行一定的干预。浮动汇率还可以按照官方干预程度进一步划分为不同类型，其中完全没有官方干预的汇率称为自由浮动汇率或清洁浮动汇率，而存在不同程度官方干预的汇率称作有管理的浮动汇率。有管理的浮动汇率包括通过设定日波动幅度进行管理的浮动汇率、盯住浮动汇率、爬行浮动汇率等具体形式。

5. 基本汇率和套算汇率

在实行固定汇率制或有管理的浮动汇率制的情况下，由于汇率形成并不完全由市场供求关系自主决定，货币当局往往选择在国际贸易结算、国际金融交易和国际储备中广泛采用的自由兑换货币如美元作为参照货币，首先确定本币对该货币的固定汇率，或在本国外汇市场上通过交易形成本币对该货币的汇率，然后根据国际外汇市场该货币对其他货币的汇率套算出本币对其他货币的汇率，前者称作基本汇率，后者称作套算汇率。

6. 名义汇率和实际汇率

在现行纸币制度下，一国货币的价值可以区分为对内价值和对外价值，前者表示的是在国内的购买力，后者表现为对外购买力。在两国相对通货膨胀率保持不变的情况下，两国货币之间的汇率变化完全反映出两种货币购买力的相对变化。但是，如果两国相对通胀率发生变化，即使两国货币之间汇率保持不变，两种货币的实际购买力也已发生相对变化。因此，一定时期内两种货币汇率或比较关系的变化并不能完全反映货币在本国真实购买力的变化，在有些时候有必要区分名义汇率和实际汇率。所谓名义汇率是指由官方公布的或在市场上通行的、没有剔除通货膨胀因素的汇率。我们以上所说的汇率都指的是名义汇率。实际汇率也称真实汇率，是指根据两国通货膨胀率或相对价格水平关系变化情况进行适当调整后所得出的汇率，它反映是两种货币在本国实际购买力水平的相对变化。例如，在一段时期内，美元兑日元汇率由 1：110 变为 1：100，同期美国通胀率为 1.5%，而日本通胀率为 -1.5%，虽然从表面上看，名义汇率变化使得美元相对日元购买力损失了 9.1%，但考虑到两国价格水平存在 3% 的相对变化，美元相对日元的实际购买力只损失了 6.1%，也就是说美元相对日元的实际汇率变动不如名义汇率变动大。

7. 名义有效汇率和实际有效汇率

在经济分析中，还经常用到有效汇率的概念。不同于以上提到的双边汇率，有效汇率是指本国货币对一组外币汇率的加权平均数，反映的是一国货币相对于一组外币的加权平均价值。目前，国际货币基金组织定期公布 17 个工业发达国家的若干种有效汇率指数，包括以单位劳动力成本、消费物价、批发物价等为权数的经加权平均得出的不同类型的有效汇率指数。其中，以贸易比重为权数的有效汇率反映的是一国在国际贸易中的总体竞争力和该国货币汇率的总体波动幅度，以这种方法计算出来的有效汇率能够较准确地反映出一国贸易商品和服务的整体国际竞争力。此外，根据是否考虑通货膨胀因素，有效汇率也可以划分为名义有效汇率和实际有效汇率。一国的名义有效汇率等于其货币与所有贸易伙伴国货币双边名义汇率的加权平均数，如果剔除通货膨胀对各国货币购买力的影响，就可以得到实际有效汇率。实际有效汇率不仅考虑了所有双边名义汇率的相对变动情况，而且还剔除了通货膨胀对货币本身价值变动的影响，能够综合地反映本国货币的对外价值和相对购买力。目前，在研究中比较常用的是国际清算银行（BIS）的实际有效汇率指数。

（三）汇率的升值和贬值

汇率升值是指一国货币对外价值的增加，也称作货币升值；汇率贬值指一国货币对外价值的下降，也称作货币贬值。一般说来，如果一定数额的外币折合成本币的数额增加，或者一定数额的本币折合成外币的数额减少，则表明外币升值、本币贬值；反之则相反。因此，在直接标价法下，名义汇率上升或下降分别表示本币贬值或升值；在间接标价法下，名义汇率上升或下降则分别表示本币升值或贬值。如果一国货币在本国的购买力相对于在国外购买力下降，则称作实际汇率贬值，反之则称作实际汇率升值。从某种意义上说，剔除通胀因素后的实际汇率变化更加真实地反映了货币的升值或贬值。

如果要更加全面地测度货币的升值或贬值，就不能仅仅考虑双边汇率的变化，而应考察有效汇率的变动。有效汇率是采用指数形式编制的，有效汇率指数上升表示有效汇率升值，说明本国货币相对于指数所包含的一篮子货币总体升值，反之则相反。由于有效汇率有名义有效汇率与实际有效汇率之分，因此货币的升值或贬值还可以分别从名义有效汇率和实际有效汇率的升值或贬值加以衡量。由于实际有效汇率剔除了通货膨胀因素的影响，因此实际有效汇率的变化比名义有效汇率能够更加全面真实地反映一国货币的升值或贬值情况。

此外，在不同的汇率制度和汇率形成机制条件下，汇率升值或贬值在英文文献中有不同的表述。在固定汇率制或可调整的盯住汇率制下，货币当局根据一段时期以来国内外经济环境的变化对汇率作出一次性调整所形成的汇率贬值或升值，在英文中用 devaluation 和 revaluation 表示；而在浮动汇率制下，由外汇市场供求关系变化所引起的汇率贬值或升值，在英文中则用 depreciation 和 appreciation 表示。

(四) 货币本位和汇率决定

从货币的发展历史看，货币是在商品交换过程中为便于交换而形成的能够与任何商品和服务直接交换的充当一般等价物的特殊商品。货币的产生使得以物物交换为基础的实物经济转变为以货币这种特殊商品为媒介进行交换的货币经济。作为一般等价物，货币具有价值尺度、交换媒介、价值贮藏等基本职能。在货币的发展演变过程中，黄金等贵金属由于其特殊属性而曾经直接充当货币，以后又以黄金为基础发行纸币，并进而发展到以国家信用为担保的不与黄金挂钩的纸币，货币制度也因此从金本位制逐步过渡到纸币流通制。在不同的货币制度下，各国货币间汇率的决定基础也不同。

1. 金本位制下的汇率决定

金本位制是以黄金为本位货币的货币制度，包括金币本位制、金块本位制和金汇兑本位制，金本位制度下汇率的决定基础是铸币平价，而金块和金汇兑本位制下则是法定平价。在 19 世纪初到 20 世纪初资本主义国家实行金本位制时，各国货币可以与黄金按照一定比例自由兑换，因此汇率也就以不同国家货币兑换黄金的比例为基础折算，在此基础上，汇率水平也会发生一定波动，但汇率变化幅度会受到所谓"黄金输送点"① 的制约，波动幅度会限制在一个较小的范围内。

2. 纸币流通制下的汇率决定

在纸币流通制取代金本位制成为主流货币制度后，汇率的决定基础发生了根本性改变。在当代纸币流通制度下，各经济体货币当

_____

① 黄金输送点是指汇价波动而引起黄金从一国输出或输入的界限。汇率波动的最高界限是铸币平价加运金费用，即黄金输出点；汇率波动的最低界限是铸币平价减运金费用，即黄金输入点。

局依法发行的纸币不再与黄金等贵金属挂钩，而只是价值符号，并依法强制流通和执行货币的基本职能，货币当局通过控制货币发行和流通量来保持货币购买力的基本稳定。由于各国在经济增长、物价水平、利率水平等方面千差万别，各国货币的购买力也存在差异，并体现在各国货币之间的兑换关系上。因此，在纸币流通制下，汇率的决定基础是货币的购买力，而影响货币购买力变化的各种因素都会引起汇率的波动。

（五）影响汇率变动的主要因素

随着各国经济贸易往来日趋紧密，国际结算和国际支付对货币兑换的需求越来越多，货币也成为交易的对象，并形成规模巨大的外汇交易市场。如同其他商品和服务一样，货币的价格即汇率也直接受到外汇市场供求关系的影响，因此影响外汇市场供求关系变化的因素也会引起汇率的变动。从经济方面看，上述因素主要包括：国际收支状况、通货膨胀差异、利率差异、宏观经济政策导向、政府对外汇市场的干预、经济增长率差异等。

1. 国际收支状况

一国的国际收支直接影响着该国的外汇供求。一般而言，当一国出现较大的国际收支逆差时，需要对外支付的外汇随之增加，进而导致外汇需求上升和外汇供求关系趋紧，并推动外汇价格上涨，也就是外币升值、本币贬值；反之，则相反。虽然受汇率制度和汇率政策等因素的影响，国际收支状况变化在短期并不必然导致汇率发生显著变化，但从中长期来看，持续的国际收支逆差或顺差所引起的外汇供求格局的改变必然导致汇率的变化。

2. 通货膨胀率差异

在纸币流通制下，货币的购买力会受到通货膨胀的影响而发生改变，进而导致汇率的变化。通货膨胀对汇率的影响也是通过外汇市场供求关系变化发生作用的。如果本国出现相对国外较高的通货膨胀，通常会导致国际收支中的经常项目和资本项目都会出现顺差减少或逆差增加的情况。从经常项目看，当本国发生通货膨胀后，其出口的商品和劳务的国内成本、国际价格就会提高，产品和劳务的价格竞争力会下降，会导致出口外汇收入减少，与此同时在另一方面会增加进口，导致外汇支出增加。从资本项目看，当本国发生通货膨胀后，通常会导致实际利率降低，并会形成本币贬值预期，投资者为追求较高资金回报率，在资本流动比较方便的情况下，就会把资本转移到海外，从而导致资本项目支出增加。综合来看，在出现通货膨胀的情况下，本国国际收支趋于恶化，导致外汇市场供求关系发生变化，外汇市场上对本币需求减少、外币需求增加，导致汇率升值，即本币贬值、外币升值。

3. 利率差异

资本在不同国家之间的流动会引起外汇市场供求关系的变化，并进而影响到汇率的变化。利率作为资本的价格，其变动必然引起资本国际流动，进而影响到汇率的变化。在对资本流动限制较少的国家，利率变化对汇率变动影响尤为显著。一般而言，当本国提高利率水平或本国利率高于国外利率时，一些短期资本出于追求更高回报的考虑，将外币兑换为本币，引起本国的资本流入，导致对本币需求增加，引起短期内的本币升值、外币贬值，这种为追求利率差而出现的资本流动被称为套利活动。

4. 宏观经济政策异向

一国的财政货币等宏观经济政策也会对汇率产生一定的影响，但这种影响是间接的。一般说来，扩张性财政货币政策往往伴随着财政赤字增加、货币供应量增大、利率水平下降，在促进经济增长的同时，也会导致一般价格水平上升，国际收支顺差减少或逆差扩大，进而引发本币贬值；而紧缩性财政货币政策则有可能推动本币升值。应当看到，宏观经济政策影响汇率的传导机制极其复杂，对汇率的影响也存在很大的不确定性。

5. 政府对外汇市场的干预

尽管目前大多数国家尤其是发达国家都放松了外汇管制，采取了浮动汇率制度，但仍然对外汇市场进行一定程度的干预，防止汇率剧烈波动、本币大幅升值或贬值等，以减少市场汇率波动对本国经济、贸易等产生不利影响。还有些国家会通过干预汇率实现一定的政策目标，如促进出口、改善国际收支等。具体干预时，政府一般通过货币当局，在外汇市场上大量买入或卖出本币或外汇，通过改变外汇市场的供求关系来影响汇率水平。为保证能有效地干预外汇汇率，政府需要手中有充足的外汇储备，或者建立专门的基金，如外汇平准基金、外汇稳定基金等，用于干预外汇市场。

6. 经济增长率差异

从长期看，一国的经济实力是决定其货币汇率的基础。一国经济实力较强，通常表现为持续较高稳定的经济增长、较低的通货膨胀等，在这种情况下，外汇市场会对该国货币形成较强的信心，愿意持有较多的该国货币，从而使该国汇率保持在较高的水平。体现经济增长的重要指标是生产率，一国生产率一般用全要素生产率表示。通俗地看，全要素生产率是一国投入的所有要素与产出的比率关系，全要素生产率越高，相同要素投入的产出也越大，该国经济实力也越强。当一国全要素生产率提高之后，在其他条件不变的情况下，其物价水平将相对其他国家下降，从而导致该国货币升值。由此也可以推论出，一国生产率的变化是决定汇率长期走势的重要因素。

由此看来，影响汇率因素众多，汇率变动和走向是多方面因素综合作用的结果，某一个或者几个因素往往难以决定汇率的走向。例如，自 20 世纪 90 年代中期以来，我国连续十余年出现贸易顺差和国际收支顺差，如果仅按照国际收支因素考虑的话，人民币汇率应该不断升值，但实际上我国人民币汇率在相当长时间内一直保持稳定，这在很大程度上与我国为促进经济增长、就业增加和保持物价水平基本稳定而实施的宏观经济政策和汇率政策密切相关。

（六）汇率变动对经济的影响

作为货币经济领域非常重要的价格变量，汇率变动对经济的影响也是非常重要和复杂的，以下仅以贬值为例，具体分析汇率变动对经济产生的主要影响。

1. 汇率变动与贸易收支

汇率变化一个最为直接也是最为重要的影响就是对贸易收支的影响。当一国货币汇率下降时，其出口商品在国际市场上以外币表示的价格降低，从而刺激国外对该国商品的需求，有利于扩大出口。与此同时，一国货币汇率下跌，以本币表示的进口商品价格上涨，从而抑制本国居民对进口商品的需求，减少进口。但是，本币贬值起到扩大出口、限制进口的作用不是在任何条件下都能实现的。一国货币贬值最终能否改善其贸易收支状况，要看其进出口弹性是否符合"马歇尔—勒纳条件"①。此外，即使满足了这一条件，贬值对贸易顺差的影响往往还有一个先恶化、后改善的时间滞后过程，即

---

① 马歇尔—勒纳条件是由英国经济学家马歇尔和美国经济学家勒纳揭示的关于一国货币的贬值与该国贸易收支改善程度的关系。如果初始状态下一国贸易账户处于平衡状态，他国对该国出口商品的需求弹性以及该国进口商品的需求弹性之和大于1，贸易收支可以改善；如果两者之和小于1，贸易收支反而恶化。

"J曲线效应"①。

2. 汇率变动与物价水平

汇率变化对物价水平的影响可以体现在两方面：一是对贸易品价格的影响；二是对非贸易品价格的影响。以贸易品为例，当本国货币汇率下降时，以本国货币表示的进口商品价格提高，进而带动国内同类商品价格的上升。如果进口商品作为基础生产资料投入生产，引起生产成本提高，还会促进其他商品价格的普遍上涨。此外，在国内商品供应既定的条件下，由于本国货币汇率下降将降低出口产品的国外价格，由此刺激商品的出口，必然加剧国内商品市场的供求矛盾，从而导致物价上涨。但是，需要注意的是，传统的理论是以商品需求弹性较高为分析前提的。实际上，贬值不一定能真正产生如此效果，因为贬值还可能通过货币工资机制、生产成本机制、货币供应机制和收入机制导致国内工资和物价水平循环上升，到最后则可能抵消它所能带来的全部好处。

3. 汇率变动与资本流动

资本流动不仅是影响汇率变化的重要因素，同时也受汇率变动的直接影响。汇率变化对资本流动的影响表现为两个方面：一是本币对外贬值后，促使外国资本流入增加，国内资本流出减少；二是如果出现本币贬值预期，会造成大量抛售本币、抢购外汇的现象，资本加速外流。汇率变动对资本流动的影响，来自于这两方面的综合对比结果。

———————

① J曲线效应是指本国货币贬值后，最初的一段时期内由于消费和生产行为不能立即作出相应调整，进口和出口的贸易量并不会发生明显的变化，但由于汇率的改变，以外国货币计价的出口收入相对减少，以本国货币计价的进口支出相对增加，从而造成贸易收支逆差增加或是顺差减少。经过一段时间后，这一状况开始发生转变，进口商品逐渐减少，出口商品逐渐增加，使贸易收支向有利的方向发展，先是抵消原先的不利影响，然后是贸易收支状况得到根本性的改善。

4. 汇率变动与外汇储备

汇率变动对外汇储备的影响主要体现在以下几个方面：第一，本国货币汇率变动对外汇储备规模产生直接影响。本币贬值引起国内短期资本外流，从而导致本国国际储备的减少，但贬值同时有利出口、抑制进口，可使经常项目收入增加，增加本国外汇储备。第二，储备货币的汇率变动会影响一国外汇储备的实际价值。储备实际上也是一种价值符号，其所代表的实际价值会随该种货币汇率的下降而贬值，从而使持有该种储备货币的国家遭受损失，而该种储备货币发行国则因该种货币贬值减少了债务负担。如当今国际货币体系下的美元，其作为国际储备货币的地位使得美元汇率变动对各国的外汇储备都具有直接影响。第三，汇率的波动与储备货币的多元化。20 世纪 70 年代以后，各国外汇储备逐渐走向多元化。由于储备货币的多元化，汇率变化对外汇储备的影响也多样化了。有时外汇市场汇率波动较大，但因储备货币中升贬值货币的力量均等，外汇储备就不会受到影响；有时虽然多种货币汇率下跌，但占比重较大的储备货币汇率上升，外汇储备总价值也能保持稳定或略有上升。

5. 汇率变动与一国就业、国民收入及资源配置

一方面，一国本币汇率下降，外汇汇率上升，有利于促进该国出口而抑制进口，这就使得其出口工业和进口替代工业得以大力发展，进而带动其他行业的发展，从而使整个经济发展速度加快，国内就业机会因此增加，国民收入也随之增加。但如果一国经济已处于充分就业，贬值只会带来物价的上升，而不会有产量的扩大，除非贬值能通过纠正原先的资源配置扭曲来提高生产率。

另一方面，随着货币汇率下降，出口品本币价格由于出口数量的扩大而上升，进口替代品价格由进口品本币价格上升带动而上升，

从而整个贸易品部门的价格相对于非贸易品部门的价格就会上升，由此会诱发生产资源从非贸易品部门转移到贸易品部门。相反地，如果一国货币汇率上升，则该国出口受阻，进口因汇率刺激而大量增加，造成该国出口工业和进口替代行业萎缩，资源就会从出口工业和进口替代行业部门转移到其他部门。

6. 汇率变动与国际经济关系

由于在当今浮动汇率制度下，外汇市场上各主要货币频繁不规则的波动，不仅会对其发行国对外贸易、国内经济等造成深刻影响，也影响着各国间的经济关系。如果一国实行以促进出口、改善贸易逆差为主要目的的货币贬值，会使对方国家货币相对升值、出口竞争力下降，尤其是以外汇倾销为目的的本币贬值必然引起对方国家和其他利益相关国家的反抗甚至报复，这些国家会采取以邻为壑、针锋相对的措施，直接或隐蔽地抵制货币贬值国商品，"汇率战"、"贸易战"由此而生。"汇率战"、"贸易战"所造成的不同利益国家之间的分歧和矛盾继而会层出不穷，这将加深国际经济关系的复杂化。

二 主要汇率决定理论

汇率的变动具有很强的随机性，有人认为汇率是不可预测的。尽管在不同的经济制度和历史背景下，影响汇率变动的因素非常复杂，但是汇率波动的原因或者决定因素还是可以确认的。据此，我们针对汇率不同的决定因素，按照理论发展的历史顺序，介绍几种不同的汇率决定理论。

（一）购买力平价理论

购买力平价理论是一种历史非常悠久的汇率决定理论，最早可以上溯到 16 世纪。1922 年瑞典经济学家卡赛尔详细阐述了该理论。购买力平价理论的基本思想是，一国货币的价值在于其所具有的购买力，因此不同货币之间的比值，即汇率，取决于不同货币具有的购买力的比值。

购买力平价的理论基础是"一价定理"，即同一种商品在不同地区之间的价格应该保持一致。举例来说，如果抽象掉其他复杂因素，一个完全一样的茶杯，在美国售价是 1 美元，在日本售价是 100 日元，那么日元和美元的汇率就应该是 100 日元兑换 1 美元。如果不是这个汇率，市场就会通过供求关系发生调整。例如，日元兑美元的汇率为 110，即日元汇率被低估，这时在日本购买的茶杯就相对便宜，美国人用 1 美元兑换到 110 日元，再用 100 日元购买一个茶杯，可以得到 10 日元的利润，在这种情况下，美国人就会大量兑换日元，也就是出现套利行为，外汇市场上对日元的需求就会增加，日元汇率因此升值，最终会导致日元兑美元的汇率变为 100 的水平。

在现实生活中，由于两国贸易的不仅是一种商品，而是一大批商品，因此在对购买力平价理论的运用中，一般用两国之间贸易品的价格指数来计算，也就是对各种贸易品按照贸易量的权重编制价格指数。购买力平价理论又可以分为绝对购买力平价和相对购买力平价两种。绝对购买力平价是指用两国绝对物价水平、也就是"一篮子"商品构成的物价指数计算出来的汇率，绝对购买力平价考虑的是某个时点上汇率的决定。相对购买力平价是指用两国通货膨胀指数来计算汇率，即如果一国通货膨胀率高于另一国，则该国汇率会贬值，贬值幅度就是两国通货膨胀率之间的差额，显然，相对购买力平价考虑的是一段时间内汇率的变化。

在所有汇率决定理论中，购买力平价理论不但是最早提出的，而且也是最有影响的理论。这是因为，购买力平价理论是从购买力这种货币最基本的功能入手分析汇率决定的，而且其结论也最为简单明了。

在实践中，很多学者对购买力平价理论进行了检验。结果发现，购买力平价理论并不能很好地解释现实世界中汇率的变动，尤其是汇率的短期变化。究其原因，一方面，购买力平价理论背后的一价定理在现实中很难成立，例如商品在两国之间的贸易要有运输成本，在很多情况下还要缴纳关税等税费，这些花费往往超过套利行为的收益；另一方面，购买力平价一般是用两国物价水平或通货膨胀率计算的，从理论上，物价指数应该是根据两国之间可贸易品编制的贸易价格指数，但实际上并非所有国家都编制这种贸易价格指数，或者贸易价格指数很难被研究人员所获得，因此在研究时多为采用包含了如服务等不可贸易品的消费者价格指数，加之各国消费者物价指数的内容和权重也不相同，因此计算所依据的物价指数并不是购买力平价理论要求的物价指数。另外，由于很多国家对资本跨国流动都放松了管制，资本流动比较自由，一些短期甚至是偶发因素都会引起大量的资本跨国流动，对外汇市场供求关系造成很大影响，导致汇率在短期之内变动比较剧烈，甚至在很短时间内汇率变动就可能超过 10%，而两国通货膨胀率之差在一年之内都很难超过10%。不过，购买力平价理论在解释汇率长期变化趋势方面还比较有效。从长期来看，汇率实际走势与购买力平价理论的汇率变化趋势比较接近，因此购买力平价对长期汇率走势变化预测提供了一个较好的方法。

（二）利率平价理论

利率平价理论也称远期汇率理论。1923 年，英国著名经济学家凯恩斯提出了这个理论，后来西方国家一些经济学家对其进行了完善和发展。利率平价理论的提出是与 20 世纪以来国际金融市场的发展密不可分的，早期外汇市场交易主体基本上是参与国际贸易的换汇者，进入 20 世纪之后，随着国际资本流动的规模日益扩大，其对外汇市场供求关系的影响明显加大，并成为决定汇率尤其是短期汇率的一个重要因素，原来的购买力平价理论很难对这种新现象作出合理的解释。

利率平价理论的基本思想是，利率和汇率之间存在着密切关系。在短期内，各国不同的利率将影响到国际间套利性资本流动，从而影响到汇率。利率平价理论的基本内容是，在两国利率存在差异的情况下，资金出于追逐更高利润的需要，将从低利率国流向高利率国，这会引起对高利率国家货币需求增加，最终导致短期之内高利率国的货币升值，低利率国的货币贬值。这种为获得更高利率而进行的外汇买卖就被称为套利行为。如果存在远期外汇市场的话，套利者在套利过程中，为了避免高利率货币远期贬值，就会将套利与掉期业务结合进行，也就是说在即期市场上卖出低利率货币，买进高利率货币，同时在远期市场上按照约定汇率买进低利率货币，卖出高利率货币。这种行为会影响到远期外汇市场的供求关系，在远期市场上，对低利率货币需求增加，导致低利率货币远期升值，基于同样理由，高利率货币将出现远期贬值。

可见，在存在远期和即期外汇市场的情况下，利率平价理论可以较好地说明利率、汇率、远期外汇市场、即期外汇市场之间的关系，因此这个理论在有效率的资本市场上具有较高的应用价值。但是，利率平价理论也存在一定的不足之处，例如，该理论没有考虑汇率买卖的交易成本，大部分国家资本流动仍存在一定的障碍等。因此在实践中，利率平价理论并不能完全得到检验。

（三）国际收支说

早期的国际收支说是国际借贷说，英国经济学家戈逊从国际收支角度完整地阐述了汇率与国际收支之间的关系。国际收支说认为，国际收支决定着外汇供求，外汇供求决定着汇率，所以该理论又被称为"汇率的供求决定理论"。一国对外借贷的状况决定了外汇的供求，如果一国对外债权大于债务，外汇供给将大于外汇需求，则该国货币汇率会上涨，即本币升值外汇贬值，反之亦然。后在此基础上，一些学者将凯恩斯主义国际收支均衡条件分析应用于外汇供求流量分析，借此研究汇率决定问题，由此形成了国际收支说。根据该学说，影响汇率变动的主要因素包括：本国与外国国民收入、本国与外国价格水平、本国与外国利率水平、人们对未来汇率的预期等。

国际收支说是关于汇率决定的流量理论，运用供求关系的方法，将影响国际收支的主要因素纳入对汇率均衡分析中来，认为国际收支引起的外汇供求流量决定了汇率水平及其变动，指出了汇率与国际收支间存在的关系，动态地分析了汇率的变动及其调节作用，有利于全面分析短期汇率的决定和变动。但该理论的主要缺点在于它的不完善性，仅仅指出汇率与其他宏观经济变量间存在着联系，却没有对影响国际收支众多变量之间的关系及其对汇率的影响进行深入分析。

（四）资产市场分析方法

布雷顿森林体系崩溃后，浮动汇率制度下汇率表现出越来越大的易变性，与前面介绍的汇率决定理论的流量分析方法不同，资产市场分析方法采用存量分析方法，假设完全的资本流动，把汇率看成是金融资产的相对价格。根据资本替代的程度不同，进一步将此理论细分为两大类：货币分析方法和资产组合平衡分析方法。其中第一类，又根据对商品价格调整的假设不同，分为弹性价格货币分析方法和黏性价格货币分析方法。

汇率决定的货币分析法强调了货币市场在汇率决定过程中的作用。在国际金融市场资本充分流动的假设下，当一国货币市场失衡时，套利机制使汇率发生变化，以符合货币市场恢复均衡的要求。

弹性价格货币分析法假定价格是完全灵活可以变动的，对于货币市场失衡，商品市场与金融市场具有同样高速的调整反应能力，因此该理论对长期汇率的变动趋势更有意义。根据弹性价格货币模型，外汇汇率变动与本（外）国货币供应量正（负）相关，与本（外）国国民收入负（正）相关，与本（外）国利率呈正（负）相关。弹性价格货币理论以购买力平价理论为基础，并与货币供求理论相联系，将购买力平价理论运用到资产市场上，将汇率视为是一种资产价格，为汇率频繁变动提供了解释。此外，很重要的是，该模型是一般均衡分析，包含了商品市场、货币市场和外汇市场的综合平衡，强调商品市场和货币市场同样迅速的调节，以价格和汇率的变动来恢复货币市场的均衡，对解释汇率的长期趋势有重要意义。与购买力平价说相比，增加了货币供应量、国民收入等经济变量对汇率的影响，因而有更广泛的应用，但该理论的局限也在于，过于严格的假设多少有些简化复杂的汇率实际变动。

黏性价格货币分析方法假定价格水平在短期内存在黏性，不会随货币市场的失衡而立刻调整，商品市场相比金融市场反应滞后，所以短期内是利率和汇率的变动，而不是价格的变动来恢复货币市场的均衡。在这样的假定之下，货币市场失衡的动态调整过程中引入的"汇率超调理论"认为，短期内，货币供给量增加导致的货币市场失衡，在价格黏性的前提下实际货币供应量增加，此时要使货币市场恢复均衡，要求货币需求必须增加，短期内国民收入不变，要求利率必须下降，进一步导致资金外流，本币贬值。在此过程中，利率下降刺激总需求，本币贬值，本国出口增加进口减少，总需求增加。在长期，商品市场总需求大于总供给，商品价格必然上升，实际货币供应量下降，本国利率上升，引起资本回流，本币升值。总的来讲，短期内商品价格黏性导致短期汇率变动出现超调（也就是过度调整）现象，但在长期内随着商品价格的调整，汇率会恢复到长期均衡水平。这样可以看出，黏性价格理论可以更好地用来解释汇率短期的决定问题，认为短期内汇率变动与购买力平价说偏离，但在长期又相符合。同时也证明了汇率超调现象的存在，使得完全放任资本自由流动、完全自由浮动的汇率制度并非是最合理的，为政府对资本流动、汇率乃至整个经济进行干预和管理提供了理论依据。

资产组合均衡分析，认同短期内的价格黏性，而汇率是资产市场供求存量保持和恢复均衡的关键变量，而资产的重新组合行为引起对本外币需求的变化和资本的跨国流动，导致了汇率的变动。该理论认为汇率不单纯是货币现象，而是由货币因素和实际因素共同引起的资产调整过程所决定的，但前提假设过于严格且仅使用存量分析方法，也影响了其应用。

（五）汇率决定理论的新发展

20世纪70年代以来，随着浮动汇率成为世界各国主要的汇率制度，传统汇率决定理论已无法解释汇率的易变性，各种汇率决定的新理论应运而生，我们简单介绍其中的三种。

第一，理性预期汇率理论。在市场有效性的前提下，即对于市场上的所有参与者来说，所有有效经济信息都是可以自由公开无成本地获得的，所有参与者根据无差别信息对市场未来走势进行预测，以使自己收益最大化。市场投资者对即期汇率未来走势看法不尽相同，但理性预期认为，不管投资者用什么方法对未来汇率进行预测，只要该主观预测与以公开获得信息为条件得到的汇率期望值相同，这种预期就是"理性预期"。但是该理论的重大问题在于，公开信息无成本的假设，市场参与者的完全理性，这在现实中是不成立的，信息成本的存在、风险收益的不确定性、参与者的非理性，都使理性预期对汇率的预测经常出错。

第二，汇率的"新闻理论"。根据理性预期理论，如果外汇市场有效，则外汇市场会反映所有可获得信息，那么汇率的变动大部分就是由未预期到的信息引起的。因此，对外汇变动的影响因素可以分为预期到的与未预期到的两种，如果称未预期到的信息为"新闻"，汇率的"新闻理论"就是理性预期理论的进一步发展，试图解决其预测过程中的误差问题，主要研究各种信息对汇率决定的不同影响。在外汇市场上，预期到的信息已经包含在了现有的市场汇率之中，汇率只会对未预期到的信息发生变化，"新闻"对汇率短期变动就有着决定性的作用。常见的影响汇率变动的"新闻"包括本年度统计数据的发表、政治事件、新的国际货币安排和谣言等等。虽然"新闻"会对汇率的决定产生影响是确定的，但对于"新闻"的提取和数量化又是相当困难的。

第三，外汇市场微观结构理论。这一理论自 20 世纪 90 年代起就有了充分的发展和应用。为了弥补传统汇率决定理论的不足，该理论主要关注宏观经济面对中长期汇率决定的影响，在短期对汇率的解释和预测能力则很差。该理论进一步放宽了有效市场的条件限制，即考虑存在私有信息、市场参与者差异化、不同交易机制条件下，汇率的决定和形成，将市场微观结构方法与传统金融理论融合，揭示了汇率、宏观经济基本面和微观市场交易结构之间的联系。外汇市场微观结构理论重视以前未被关注的私有信息、市场参与者异质性和交易系统这三个微观要素。

上述介绍的理论都是从某个角度出发来分析汇率决定的，但如前面所提到的那样，在现代经济中，影响汇率的因素非常复杂，只是从一个侧面分析汇率如何决定难免偏颇，同时这些理论都有严格的前提假定。因此，必须根据现实情况，综合考虑多种因素对汇率的影响。与成熟、发达的西方市场国家相比，我国仍属于发展中国家，市场经济发育不成熟，特别是金融市场发展程度较低，人民币还不能自由兑换，对资本跨境流动还存在一定管制，宏观经济政策包括汇率政策的制定必须兼顾经济增长、就业增加、物价稳定和国际收支平衡多种目标，在这种情况下，上述单个理论就更难解释人民币汇率的决定问题。

三 当前主要汇率制度

汇率制度，又称汇率安排，是指一国货币当局对本国汇率的确定、维持、调整和管理等基本方式所作的一系列制度性安排或规则。其主要功能为：建立外汇市场秩序，提高外汇交易效率，降低交易成本；加强外汇市场信息流的稳定性，引导外汇市场预期；减低外汇市场参与者目标和行为的不确定性；减少外部性；协调经济发展。我们在简单回顾国际汇率制度的变迁历史之后，将详细介绍汇率制度的主要分类方法。

（一）国际汇率制度的变迁

国际汇率制度是国际货币制度的核心组成部分，并受到国际货币制度的影响和制约。它是国际社会公认的一整套关于各国汇率关系的国际性规则和组织形式，主要包括各国汇率的确定方式、汇率波动的界限、汇率调整的手段和维持汇率稳定的措施四个方面的内容。近百年来，随着国际货币制度的变迁，国际汇率制度也经历了一系列重大变革。

1. 国际金银复本位和金本位制度下内生的固定汇率制度

1880 年以前，国际货币制度处于金银复本位制度之下，货币供求具有自动调节机制，货币之间的汇率具有内生的稳定性，可称为"内生的固定汇率制度"。1880—1914 年的国际金本位制时期，各国货币间的汇率只在极小的范围内波动，也是内生的固定汇率制度。

2. 两次世界大战之间的浮动汇率制度

1918—1925 年为自由浮动汇率制度时期，各国相继放弃金本位制度，实行自由浮动的汇率制度，使汇率脱离黄金平价，处于剧烈波动状态。各工业国间汇率是自由浮动的，英镑与美元汇率基本上随市场力量自行波动，政府很少干预。1925—1931 年为国际金汇兑本位制度下固定汇率制度时期，通过金本位制来保持本国货币与黄金的间接联系。在此制度下，各国货币有法定含金量，但不能在国内兑换黄金，只能购买外汇，而外汇在国外可以兑换成黄金。由于黄金不能自由兑换、输入、输出，金汇兑本位制度的固定汇率制度缺乏内生的稳定基础。1929—1933 年为货币集团间浮动汇率制度时期。大萧条导致国际金汇兑本位制度的崩溃，一些国家汇率制度重新回到浮动状态，一些国家选择盯住有关基准货币。由于竞争性的货币贬值浪潮，形成了以英镑、美元和法郎为中心的货币集团，虽然汇率是浮动的，但各集团间普遍存在外汇管制，货币不能实现自由兑换，货币贬值时有发生。

3. 布雷顿森林体系下可调整的或外生的固定汇率制度

由于浮动汇率给世界经济和国际贸易带来的混乱和无序，以及建立完全弹性汇率制度尝试的失败，二战结束后建立了布雷顿森林体系为框架的国际货币制度。根据协定，美元与黄金挂钩，直接盯住黄金，其他各国货币与美元挂钩，自由兑换，且汇率波动不得超过正负 1%；成员国汇率变动接受国际货币基金组织的统一安排和监督。这样确定了以"美元—黄金"为本位的可调整的固定汇率制度。由于该体系下，美元与黄金汇价，以及其他货币与美元汇价都是政府外生决定的，又可被称为"外生的固定汇率制度"。但是，1960年以后，随着美国开始面临资本流出的巨大压力，黄金储备已经少于其对外流动性债务，同时，在巨额国际短期投机资本流动的冲击下，布雷顿森林体系下可调整的固定汇率制度开始面临崩溃。1973年布雷顿森林体系彻底瓦解，以美元为中心的可调整的固定汇率制度全面崩溃。

4. 牙买加体系下混合汇率制度

1973 年布雷顿森林体系下的可调整的固定汇率制度崩溃，国际货币制度由"美元—黄金"本位制过渡到信用货币本位制，浮动汇率取而代之。1976 年达成的《牙买加协定》，批准了浮动汇率制度，国际货币制度进入了牙买加体系。国际货币基金组织成员国在汇率制度选择上获得了更大的自由，汇率制度安排成为一国确定其对外关系的重要政策手段。在该体系下，基本是通过货币和财政政策的稳定，而不是通过盯住的方式来寻求汇率的稳定。与之前的固定汇率制度是一个基本统一完整的国际汇率制度不同，牙买加体系下的国际汇率制度是多种汇率制度并存，并注重区域货币合作的一种混合汇率制度，具体分类我们将在下面详细介绍。

（二）汇率制度的分类

汇率制度分类是研究汇率制度优劣性和汇率制度选择的基础，因此搞清楚汇率制度分类有助于讨论一国选择什么样汇率制度是合适的。目前，研究者对各国汇率制度有很多种不同的分类方法，例如有的学者把汇率制度按照三分法进行分类，即浮动汇率制度、中间汇率制度、严格的汇率制度；也有的学者将汇率制度分为独立浮动、管理浮动汇率、按照既定指标的调整、合作安排、有限弹性、货币盯住等六类。不过大多数分类都是把位于严格固定汇率和完全浮动汇率之间的各种汇率制度按照政府干预程度、方法、目标等进行进一步的细分。

根据国际货币基金组织的分类方法，现实中汇率制度的分类大致可以分为三个阶段：布雷顿森林体系下的固定和浮动二分法、1999 年之前的名义分类和之后的实际分类。

1. 固定汇率和浮动汇率二分法

根据汇率决定及其调节方式，汇率制度可分为固定汇率制和浮动汇率制两类。

固定汇率制是指政府用行政或法律手段确定、公布并维持本国货币与某种参照物之间固定比价的汇率制度，本币与参照物之间的波动被限定在很小的范围之内。充当参照物的可以是黄金，也可以是一种外国货币或某一组外国货币。在早期的金本位制度下，也就是黄金作为国际货币制度的基础时，各国货币一般都规定含金量，因此各国货币之间的汇率可以根据含金量之间的比值确定，汇率稳定是自动维持的。到了目前纸币本位，也就是纸币发行不受黄金约束的情况下，不同货币之间的固定汇率变成人为规定的，当各国经济形势出现较大变化时，原来的汇率水平就很难维持，原有的固定汇率就要调整为新的固定汇率，也就是从中长期看，目前的固定汇率制是一种可调整的固定汇率制度。

浮动汇率制是指政府不规定本国货币与黄金或外国货币之间上下波动的界限，汇率水平完全由外汇市场上的供求决定、政府不对汇率进行干预的汇率制度。但目前在采取浮动汇率制的国家中，大多数国家政府都或多或少地对汇率水平进行一定干预或指导，因此浮动汇率制按照政府是否干预，又可分为自由浮动和管理浮动两类。

2. 汇率制度的名义分类

名义分类是国际货币基金组织根据各国货币当局官方宣布的名义汇率安排，对各成员国汇率制度进行的分类。1982 年国际货币基金组织对各成员国的汇率安排进行了三种分类：一是盯住汇率，包括盯住单一货币和盯住合成货币；二是有限灵活货币，包括对单一货币在汇率波动带内进行浮动和汇率合作作出安排；三是更加灵活汇率，包括管理浮动和独立浮动。

3. 汇率制度的实际分类

汇率制度的名义分类方法，面临这样一种难题，即不少成员国所宣称的汇率制度分类并不符合它们在实际中的操作方法。为此，1999 年后，国际货币基金组织（IMF）调整了其对各成员国的汇率制度分类方法，这种新的分类方法是基于各成员国真实的、事实上的安排，而非各成员国官方所宣称的安排，解决了原来分类存在的"名不副实"问题，即汇率制度的实际分类法。

这种分类基础是基于各国汇率弹性程度，以及各种正式与非正式的对汇率变化路径的承诺。从 2001 年开始，国际货币基金组织将汇率制度分类与货币政策框架联系在一起，即在对各成员国进行汇率制度分类的同时，还对其货币政策进行分类。这是因为，选择不同的汇率制度将影响到该国货币政策的独立性，因此对不同汇率制度分类，将有助于评价各国汇率制度选择对于货币政策独立性程度的影响。

从目前最新的，也就是 2005 年国际货币基金组织对 187 个国家或地区的汇率制度进行的分类看，汇率制度被划分为七大类（见表1—1）。

表1—1　2005 年 IMF 汇率制度的分类

汇 率 制 度	国家或地区数目	典型国家或地区
1. 无单独法定货币的汇率制度	41	欧元区
2. 货币局制度	7	中国香港
3. 其他传统的盯住汇率制（包括管理浮动制下的实际盯住汇率制）	45	中国
4. 水平区间内的盯住汇率制	6	丹麦
5. 爬行盯住汇率制	5	玻利维亚
6. 不事先公布汇率轨迹的管理浮动汇率制	53	阿根廷、泰国
7. 独立浮动汇率制	30	美国、日本

资料来源：国际货币基金组织网站。

下面我们着重介绍其中每一种具体的汇率制度。

（1）无单独法定货币的汇率制度

在这种汇率制度下，一国不发行自己的货币，而是使用他国货币作为本国流通货币，或者在一个货币联盟中，各成员国使用共同的单一货币。通俗地讲，采取这种汇率制度的国家使用的是和其他国家相同的货币。欧元区国家是这种汇率制度的典型代表，在 21 世纪初欧元启动后，欧元区各国所使用的都是欧元这种超国界货币。在非洲、加勒比地区的一些国家，也共同使用超国界货币，如非洲 14 个国家共同使用统一的非洲法郎。此外，还有一些小国使用其他国家的货币，如巴拿马就没有自身的货币，境内以美元作为流通货币。

（2）货币局制度

在这种汇率制度下，货币当局作出明确的、法律上的承诺，以一个固定的汇率在本国（地区）货币与另一指定外币间进行完全自由兑换。可见，货币局制度是一种严格的汇率制度，在此制度下，一国将其货币的汇率牢牢盯住另一种货币，例如美元。由于有自由兑换的保证，货币当局不能发行超过与其外汇储备等值的钞票和硬币，这样就可防止政府通过印钞票来为其活动融资，能避免因此而产生的通货膨胀。采取货币局制度的国家或地区并不多，在2005年国际货币基金组织的分类中，只有7个国家或地区使用这种制度，目前中国香港地区采用的联系汇率制度就属于货币局制度。在香港，纸币大部分由3家发钞银行发行，即汇丰银行、渣打银行、中国银行（香港）。香港法律规定，香港发钞银行在发钞时，需按7.8港元兑1美元的汇率向香港金融管理局提交等值美元，作为所发钞纸币的支持。

（3）其他传统的盯住汇率制

在这种汇率制度下，一国将其货币以一个固定的汇率盯住某一种主要外币或者盯住某一篮子外币，汇率波动围绕着中心汇率上下不超过1%。国际货币基金组织还特别强调，管理浮动制下的实际盯住汇率制也属于这种汇率制度。目前，国际上采取这种汇率制度的国家或地区很多，在2005年国际货币基金组织的分类中，有45个国家或地区采用这种制度，这些国家全部为发展中国家。当时，我国虽然在名义上采取的是有管理的浮动汇率制，但由于人民币与美元的汇率水平长期维持稳定，因此被国际货币基金组织归入实行传统盯住汇率制的国家。实行传统盯住汇率制的国家，由于要维持一个固定的汇率，其货币当局必须被动地在外汇市场上频繁买入或卖出外汇，使外汇市场的供求关系达到与固定汇率相适应的均衡状态。

货币当局买卖的外汇通过外汇储备的增减进行调整，当货币当局买入外汇时，该国的外汇储备就增加，当货币当局卖出外汇时，该国的外汇储备就减少。很多采取盯住汇率制的国家，还通常采取外汇管制措施，也就是不允许一些外汇交易行为，这样在外汇市场上的外汇交易规模就会下降，货币当局维持固定汇率也就会比较容易。很多发展中国家倾向于选择盯住汇率制，是因为这些国家经济规模小、经济实力较弱，企业等市场主体承受外汇风险能力较差，由此希望汇率稳定以便顺利开展经济活动。

(4) 水平区间内的盯住汇率制

这种汇率制度与第三种传统的盯住汇率制类似，但是将波动幅度扩大，也就是允许本币与所盯住的外币或一篮子外币可以有较宽的波幅，这个波幅一般在3%左右。与传统的盯住汇率制相比，只有汇率波幅超过规定的上下限时，货币当局才入市干预，因此干预的频率小于传统盯住汇率制。在2005年国际货币基金组织的分类中，有6个国家或地区采用这种制度，例如，丹麦的汇率波幅为2.5%，塞浦路斯为2.25%，埃及为3%。

(5) 爬行盯住汇率制度

这种汇率制度是指，一国货币当局将汇率盯住某种平价，以固定的、事先宣布的值，对汇率不时进行小幅调整，或根据一组选定的指标对汇率不时进行小幅调整，促进汇率水平达到均衡。举例来说，在爬行盯住汇率制下，购买力平价可以作为一国汇率调整的目标，如果一国因本国通货膨胀率较高而与购买力平价产生较大差异时，货币当局就会每隔一段时间对本国货币汇率进行一次较小幅度的贬值，其贬值幅度通常是事先宣布的。经过不断的调整，汇率水平就逐渐接近并可能达到购买力平价所要求的汇率均衡水平。在实际操作过程中，爬行盯住有两种方式，一种是货币当局在每次调整时都严格规定汇率调整的幅度，当市场汇率稍有偏离设定的调整值时，货币当局就进入外汇市场进行干预，这种操作方式类似传统的盯住汇率制；另一种是货币当局在每次调整时设定的汇率调整幅度较宽，只有当汇率水平偏离幅度的上下限时，货币当局才会进场干预，这种操作方式类似水平区间盯住汇率制。爬行盯住汇率制的特点在于"小步快跑"，即允许汇率向目标水平持续小幅调整，从而降低固定汇率一次性大幅调整对经济带来的冲击。爬行盯住汇率制大多为高通货膨胀国家所采用，因为通货膨胀与产品国际竞争力有关，可以将反映物价水平变化的购买力平价作为盯住汇率的目标。在2005 年国际货币基金组织的分类中，有 5 个国家采用这种制度，主要是拉美地区一些通货膨胀较高的国家，如尼加拉瓜、玻利维亚等。

（6）不事先公布汇率轨迹的管理浮动汇率制

在这种汇率制度下，一方面，货币当局在外汇市场进行积极干预以影响汇率，也就是对汇率进行有管理的浮动，货币当局的干预可能是直接的或间接的，直接干预是指货币当局在外汇市场上买卖外汇影响汇率水平，其结果是引起该国外汇储备的增减；间接干预是指货币当局用调整利率等方式影响外汇市场交易主体的行为，如提高本国利率会在短期内导致外汇需求下降，促使短期内本币升值，间接干预一般不会引起该国外汇储备的变化。另一方面，货币当局不事先承诺或宣布汇率变化的干预方式和干预目标。这种汇率制度下的干预目标可以是非常灵活的，每次汇率调整的目标可能都不相同。这种汇率制度是目前国际上经常采用的汇率制度，在 2005 年国际货币基金组织的分类中，有 53 个国家采用这种制度，其中绝大部分为发展中国家。

（7）独立浮动汇率制

在这种汇率制度下，一国货币汇率基本由市场决定，货币当局偶尔进行干预，但干预的目的在于缓和汇率的波动、防止不适当的波动，而不是要设定汇率水平。在当前各国实际采取的汇率制中，独立浮动汇率制是最接近完全自由浮动的汇率制度。这种汇率制度也是目前国际上采用较多的汇率制度，在2005年国际货币基金组织的分类中，有30个国家或地区采用这种制度，大部分发达国家都采取这种汇率制度，如美国、日本、英国、加拿大、澳大利亚等。

我们可以将上述国际货币基金组织划分的七种汇率制度归纳为三种类型：固定汇率制度、自由浮动汇率制度和中间汇率制度。其中，固定汇率制度包括前两种，即无单独法定货币的汇率制度和货币局制度，自由浮动汇率制度为最后一种，即独立浮动汇率制，而中间汇率制度则包括了分类中的第三种至第六种。中间汇率制度的一个共同特点是，都是在政府控制下，汇率在一个或大或小的范围内变化。显然，以上国际货币基金组织的七种分类是按从固定汇率制到浮动汇率制，按照政府对汇率干预程度的多少也就是汇率弹性进行分类的。

从2005年国际货币基金组织统计的187个国家或地区看，首先是采取没有预先确定汇率轨迹的管理浮动汇率制的国家或地区，一共有53个，所占比重为28%，其次是其他传统的盯住汇率制，一共有45个，所占比重为24%，再次是无单独法定货币的汇率制，一共有41个，所占比重为22%，采取其他汇率制度的国家或地区都不多。从国别和地区分布规律看，经济相对发达的国家或地区倾向于采取汇率弹性较大的汇率制度，但是欧元区国家由于统一了货币，因此采取了最严格的固定汇率制度，即无单独法定货币的汇率制度。

四 汇率制度选择

开放经济条件下，各国对汇率风险认识和管理能力的差异、追求相机抉择的内外平衡目标，以及其他经济基本面和结构差异等因素，共同决定了一国汇率制度的选择。这里我们先对不同汇率制度进行利弊比较，进而分析哪些因素会影响一国选择其汇率制度，最后考察一下新兴国家汇率制度选择过程中遇到的问题。

（一）不同汇率制度的利弊比较

在目前所有汇率制度中，固定汇率和浮动汇率是汇率制度的两极。在对不同汇率制度的利弊分析中，一般都以这两种位于两极的汇率制度作为研究的重点，这是因为，研究需要具有一定的抽象性，固定汇率和浮动汇率最具有代表性，其他汇率制度的利弊可以从对两种汇率制度的分析讨论中推导出来。因此，我们在对不同汇率制度进行利弊比较时，主要是比较固定汇率和浮动汇率的利弊，而对其他汇率制度的利弊只作简单分析。

1. 固定汇率制的利弊

从有利的方面看，固定汇率制的好处主要包括以下几个方面：

第一，可以消除企业或个人在进行对外经贸往来时所可能面对的汇率风险。由于即期和远期汇率水平是一致的，企业或个人不必为降低汇率风险而花费大量的财力去进行目的在于降低汇率风险的套期保值活动，稳定了企业对外经济活动的预期，提高了企业或个人的经济效率，促进了国际贸易和国际投资活动的开展。

第二，固定汇率制有助于减少外汇市场的投机行为。在固定汇率制下，货币当局有义务干预外汇市场、维持汇率稳定，这样就为外汇市场的交易主体提供了一个对未来汇率的稳定预期，从而减少了外汇市场的投机活动。那些国内经济运行比较健康、有充足外汇储备和货币当局具有负责任国际形象的国家，有很强的实力防止外汇投机，维持汇率稳定。

第三，固定汇率制对政府行为将产生自动的约束机制，尤其是减少通货膨胀压力。在纸币流通条件下，一国货币当局往往有实行扩张性货币政策的冲动，如果货币供给超出了经济增长的需要，就会导致需求拉动的通货膨胀，而通货膨胀将带来本币的贬值压力。如果货币供给过度增长的情况长期持续下去，将最终导致货币的被迫贬值。货币当局为了避免出现这样的情况，就会在货币供应时采取谨慎的态度，力争使货币供应量达到与经济增长相适应的合理水平，这样就起到了防范通货膨胀的作用。

第四，固定汇率制有助于促进国际经济政策合作。固定汇率制下，一国实际的承诺将固定汇率作为政府政策的一个约束机制，从而可以有效避免各国通过竞相贬值的汇率战等破坏国际贸易和国际经济秩序。

从不利的方面看，固定汇率制也存在无法回避的缺点：

第一，固定汇率并不意味着汇率水平长期不变，如前所述，通货膨胀、经济效率、利率变化等都将对汇率水平形成调整压力，当这些压力积累到相当程度时，固定汇率就将进行一次较大幅度的调整，即从旧的汇率水平调整到一个新的汇率水平，但是这种大幅度的汇率水平调整也会对经济造成较大震动和损害。例如，当本币贬值时，那些有外币负债的企业负担就将扩大，假设一家中国企业有100万美元的外币借款，人民币汇率由1美元兑换7元人民币贬值到1美元兑换8元人民币，企业以人民币计算的对外负债就由原来的700万元人民币增加到800万元人民币。

第二，大多数从事对外经济交往的企业或个人是不喜欢汇率风险的，也就是希望汇率变动趋势可以明确预期，这样他们可以计算出未来以本币衡量的取得的外汇收入或支付的外汇成本，以便他们合理地安排经营活动。如果有外汇套期保值的工具，则企业或个人可以有效规避汇率风险。但在固定汇率制下，由于官方每隔一段时间就要调整固定汇率水平，但调整时所考虑的因素很多，有时考虑的甚至不仅是经济因素，而且调整的时间、频率和幅度也非常难以预测，因此在固定汇率制下没有或很难形成一个远期外汇市场，对外经济交易尤其是跨时期较长的交易也因此无法进行套期保值而面临巨大风险。

第三，固定汇率制有可能危害国家金融安全。过去新兴市场国家长期采取固定汇率制，其目的在于稳定国内物价水平和促进对外贸易和利用外资，从效果看，固定汇率制确实有助于这些目标的实现。但是，随着这些国家对资本流动管制的放松和国际上大量投机资本的出现，国际金融市场变得越来越不稳定。一旦国内外经济环境发生较大变化而要求汇率进行较大调整，这些国家因采取僵化的固定汇率制而未及时调整汇率水平时，这些国家就容易成为国际投机资本攻击的对象。最近几十年中，因实行僵化的固定汇率制而成为国际投机资本攻击对象的国家时有出现，如 1994 年的墨西哥和 21 世纪初的阿根廷，国际投机资本冲击的结果不但导致这些国家出现金融危机、经济衰退，而且固定汇率制最终也不能再维持下去，不得不转为弹性较高的汇率制度安排。我们以 1994 年墨西哥金融危机为例，简单分析一下国际投机资本是如何攻击墨西哥固定汇率制度的。

在危机发生前，墨西哥通胀幅度高于全球通胀幅度，但由于采取了固定汇率制，以实际汇率计算，墨西哥货币比索币值被高估，在这种情况下，墨西哥产品的国际竞争力受到削弱，导致出口减少，

1994 年，由于美元进入升息周期，加之墨西哥国内局势动荡，原先大量流入的外资开始撤出墨西哥。由于当时墨西哥外汇储备很少，在出口减少和资本外逃的双重作用下，墨西哥外汇储备急剧减少。1994 年 12 月 19 日，墨西哥财政部长宣布将比索贬值 15%，这一决定宣布之后，非但没有引起市场稳定，反而在市场上引起更大恐慌，市场担心贬值幅度不够，外国投资者疯狂抛售比索、抢购美元，最终墨西哥外汇储备几近枯竭，降到了不足一个月进口额的水平，政府不得不终止对比索买卖的干预，被迫转为实行浮动汇率制。

第四，更为重要的是，实行固定汇率制有可能使一国丧失本国货币政策的独立性。这种情况就是所谓的"克鲁格曼不可能三角"，或称"蒙代尔不可能三角"，其结论是，本国货币政策的独立性、固定汇率、资本的完全流动性三者不能同时实现，最多只能同时满足两个目标，而放弃另外一个目标。在通常情况下，允许资本自由流入或流出将使一国能更有效地利用国外资源，因此减少对资本流动管制的国家越来越多。按照"克鲁格曼不可能三角"的理论，当一国允许资本自由流动后，就只能在固定汇率和独立的货币政策这两个目标中选择唯一的一个了。对于全球较大的国家而言，实现国内宏观经济目标是非常重要的，因此需要具有独立的货币政策——主要表现为区别于其他国家的利率水平，在这种情况下，只能放弃使用固定汇率了。这也是目前除欧元区外的主要发达国家倾向于选择浮动汇率制的原因之一。"克鲁格曼不可能三角"作为理论，其三个目标非常严格，这三个目标称为三角形的"角点解"，但在现实中，很多国家并不是选择"克鲁格曼不可能三角"的"角点解"，而是选择"内点解"，即放松一个位于角点的极端目标就可以改善原来达不到的其他目标。例如，一国可以同时达到有较强货币政策独立性、对资本流动加以适当管制、采取有管理的浮动汇率这三个位于上述三角形内部的"内点解"目标。从长期看，我国对外开放程度还将进一步深化，因此资本项目开放步伐将必然加快，同时作为一个人口众多、位居全球前列的大国，我国也要保持货币政策的相对独立性，因此在汇率制度上，必然要选择靠近浮动汇率制的、具有较大弹性的汇率制度。

从以上对固定汇率的分析中还可以推论出一个非常重要的结论，就是现实汇率不可能长期偏离潜在均衡汇率水平。所谓均衡汇率，简单地说，就是可以实现国际收支平衡的中长期汇率。但是，均衡汇率水平并不好确定，国际收支平衡不但要关系到经常账户平衡，而且也关系到资本账户平衡，但在国际资本流动规模越来越大、流动时间越来越快的现实世界中，资本流动对均衡汇率的影响程度加大；此外，在弹性较大的汇率制度下，汇率短期波动非常频繁，因此究竟什么样的中长期汇率水平可以算是均衡的，也是难以确定的。在分析中，不同经济学者利用不同的方法计算了均衡汇率，但这些计算结果存在不小的差异。然而，姑且放弃均衡汇率在实践中的复杂性不论，均衡汇率在理论上是可以成立的。所谓的现实汇率不可能长期偏离潜在均衡汇率水平，就是指一国不可能长期通过高估或低估本币的方式满足自身的经济目标，在市场机制的作用下，长期高估或低估的货币最终要通过主动或被动的方式进行调整，前面所说的固定汇率在经过一段时间后要进行一次较大的调整就是指的这层含义。

2. 浮动汇率制的利弊

作为和固定汇率制并列位于另一个极端的浮动汇率制，其利弊很多和固定汇率制正好相反，即固定汇率制的优点可能是浮动汇率制的缺点。为简便起见，我们对于上面提到的和固定汇率利弊相反的内容不再赘述。

从浮动汇率制的优点看:

第一,浮动汇率可以避免通货膨胀的国际传染。如果进口的外国产品或服务价格上升,在浮动汇率制下,汇率变化将很有可能按照购买力平价方式进行调整,也就是本国货币升值、外国货币贬值,实际汇率水平维持稳定,这样就可以防止本国经济受到外国产品和服务价格变化的影响,尤其是国外通货膨胀的不利影响,从而起到汇率防火墙的作用。

第二,在经济受到外部冲击之后,浮动汇率制具有自动调节的作用,促使内外部经济自动恢复均衡。在现代开放经济中,内外部经济均衡是宏观经济调控的重要目标,一般来说,宏观经济调控具有四大目标,即经济增长、充分就业、物价稳定和国际收支平衡,其中前三个目标属于内部经济均衡,最后一个国际收支平衡目标属于外部经济均衡。由于这些经济目标之间存在着一定的冲突,因此同时满足这几个目标是非常困难的。例如,当出现内部通货膨胀和外部国际收支顺差时,就存在内外部均衡的冲突问题。内部均衡要求减少国内需求,但在固定汇率制下,内部需求减少也会导致进口减少,反而使国际收支顺差进一步扩大,使外部经济距离均衡目标更远。但如果该国采取的是浮动汇率制,则汇率水平自动地调节到维持国际收支均衡的水平上,也就不存在外部不均衡的问题,宏观经济政策调控也就可以专门关注内部均衡目标。

第三,浮动汇率制甚至可以在稳定经济方面发挥作用。不少学者认为,目前外汇市场的投机行为主要是所谓的"稳定性投机",外汇市场的投机者要想持续获得盈利,必须坚持买入低估的货币、卖出高估的货币,如果所有投资者都采用这样的投机策略,反而会使汇率波动减少。同时,在浮动汇率制下,由于汇率随时调整,将导致投机者不容易找到汇率明显的高估或低估机会,任何建立在预期基础上的交易活动也必然要承担汇价反向变动的风险，这对投机活动也会形成一定约束。

从浮动汇率制度不利的方面看：

第一，浮动汇率并不能准确地反映出外汇的合理价格，私人部门的不稳定投机行为主导汇率市场的供求，导致形成的汇率经常偏离经济基本决定因素。造成不稳定投机行为的因素可以归纳为两类，一类是非理性投机，另一类是不确定性。非理性投机是指投机者没有有效利用市场上所有可获取的信息，例如厌恶风险的投机者经常对经济基本面不好国家的货币，给予太高的汇率贬值预期可能性，或对经济基本面良好国家的货币，给予太高的汇率升值预期可能性。还有可能投资者不是对可依靠的信息进行理性分析作出合理的判断，而是追随别人的行动来决定自己的买卖行为。从理论上看，在信息分散的情况下，只有当投机者根据其自身掌握的信息优势独立进行挖掘、整理和分析时，形成的市场汇率才能充分反映市场上的各种信息。而在上面这种情况下，市场会放大个别投资者的行为，导致汇率严重偏离基本因素。不确定性造成的汇率投机行为也包括几种类型，例如在不确定性的世界中，投机者可能依靠不重要的基本经济变量形成错误的汇率预期，又如投机者可能存在"理性泡沫"，例如外汇持有者认为手中持有的货币已经被高估，但他们还相信在未来一段时间内这种货币还将会继续升值、同时这种货币在一定时间内大幅贬值的可能性很小时，他们将继续持有这种货币，导致市场延长了外汇高估的期限。

第二，浮动汇率制不利于经济结构调整。汇率对经济结构调整的影响比较复杂，例如一国产业结构调整时有可能造成对外贸易和国际收支的短期波动。但在浮动汇率制下，由于国际收支可以迅速地恢复平衡，将有可能导致产业结构调整空间缩小，最终不利于产业结构调整。以发展中国家产业升级的过程为例，一国在收入水平提高之后，国内产业需求结构将出现向上升级趋势，即对资本技术密集型产品需求增加、对劳动密集型产品需求减少，在正常情况下，这种需求变化将带来供给结构变化，也就是引导更多的国内资源投入到资本技术密集型产品中，从而完成产业结构升级的过程。在这个过程中，需求结构变化会导致价格相对水平发生变化，也就是资本技术密集型产品的相对价格将上升，由于在一定时期内，国内供给结构来不及调整，也就是不能提供国产的资本技术密集型产品，因此会导致进口的资本技术密集型产品增加，并引起国际收支逆差。但如果该国采用了浮动汇率制，则逆差将引起本币的贬值，其结果是导致国外对本国劳动密集型产品需求增加，减轻甚至抵消了国内市场对劳动密集型产品需求下降的趋势，国内资源将继续投入到传统的劳动密集型产品中，其结果就是产业升级过程非常缓慢甚至是停滞不前。

通过以上的介绍可以看出，固定汇率和浮动汇率两种汇率制度的优劣（见表1—2），实际上是非常复杂的问题，对每种汇率制度都有很多争论，一直到现在也没有停止，更难有定论。

表1—2　固定汇率制和浮动汇率制的简单比较

	固定汇率制	浮动汇率制
优点	1. 消除汇率的短期波动风险,有利于国际贸易和国际投资 2. 有利于抑制国内通货膨胀 3. 有利于减少外汇投机 4. 有利于维持国际经济秩序	1. 自动实现外部均衡目标,经济政策可以完全关注于内部均衡 2. 增强本国货币政策的独立性 3. 避免输入型通货膨胀和通货膨胀的跨国传播 4. 自动调节短期资本流动,预防投机冲击
缺点	1. 货币政策丧失独立性 2. 容易输入国外的通货膨胀 3. 容易出现内外均衡冲突	1. 增加不确定性和外汇风险 2. 不利于经济结构调整

资料来源：作者总结。

2. 中间汇率制的利弊

以一种中间汇率制度——爬行盯住汇率制为例，可以简单地探讨一下中间汇率制度的利弊。

爬行盯住汇率制的优点主要体现在三个方面。一是这种汇率制度提供了一种更有效的内外均衡调节机制，在这种汇率制下，汇率调节成为对国际收支进行调节的经常性工具，这样就可以使国际收支出现的问题及时得以纠正，不会出现固定汇率制下因汇率高估或低估引发的投机性冲击。另外在这种汇率制下，汇率的每次调整幅度都很小，可以避免对经济造成较大的冲击。二是爬行盯住汇率制可以抵制输入型通货膨胀，由于这种汇率制有一定的弹性，可以通过汇率水平的变化来部分甚至完全抵消国外通货膨胀的影响。三是这种汇率制不需要一国维持较高的外汇储备数量。外汇储备的重要作用是用来应付对外支出，如支付进口等，很多国家尤其是产品竞争力不强的发展中国家，一般希望能保持较多的外汇储备。但持有外汇储备是有成本的，如要承受外汇储备币值变化的风险，外汇储备也相当于本国对外贷款，如果国内安全的资金回报率要高于国外，持有过多的外汇储备就不合算了。爬行盯住汇率制由于不需要将汇率维持在一个固定的汇率水平上，当对外支出增加、国际收支趋于恶化时，可以通过货币贬值解决，因此一国不必保持较高的外汇储备水平。

爬行盯住汇率制的缺点也可以总结为三个方面。一是国内货币政策仍会受到外部制约，不能实现完全的货币政策独立性，例如，一国由于产品竞争力下降需要本币贬值。在爬行盯住汇率制下，这种贬值过程是"小步快跑"，也就是逐渐小幅、多次贬值，但直到贬值到最终水平前，汇率仍会出现一定程度的高估，在这种情况下，国际收支的贸易账户会出现赤字，而若为维持国际收支平衡的外部均衡目标，则必须要通过提高本币利率、吸引国际资本流入、促进国际收支中的资本账户盈余的方式解决。显然，在这种情况下，利率政策是被动选择的，货币政策不具有完全的独立性。二是汇率调整不够迅速，当国民经济在受到较大外部冲击而需要对汇率水平作较大幅度调整时，爬行盯住汇率制对汇率水平的调整就过于缓慢了。三是汇率调整容易转换成国内的通货膨胀，由于爬行盯住汇率制对汇率水平调整比较有规律，在国内容易形成较强的稳定预期，国内价格、工资等变量会根据汇率进行指数化调整，因此在本币贬值的情况下，会引起国内价格水平上升。

（二）影响一国汇率制度选择的因素

通常认为，一国汇率制度选择主要考虑以下这些因素。

第一，一国的经济规模。大国通常需要更为独立的经济政策，而固定汇率制由于失去货币政策的独立性，因此大国往往不愿意采用。

第二，对外开放程度。一国对外开放程度越大，贸易依存度也越大，也就是贸易进出口占国内生产总值（GDP）的比重越大，在汇率制度的选择方面也愿意采取固定汇率制。一方面，固定汇率制有助于促进对外贸易、对外投资和利用外资，另一方面，经济开放度越大，进口产品价格对国内物价水平的影响也越大，为了稳定国内物价，也应该选择固定汇率制。一般大国经济的贸易依存相对较小，因此大国经济政策较少会从稳定贸易的角度来考虑，也就意味着大国更愿意选择浮动汇率制。

第三，通货膨胀率。如果一国比其贸易伙伴国家有较高的通货膨胀率，则该国很难维持一个稳定的固定汇率水平，倾向于选择浮动汇率制。从各国经验看，通货膨胀率经常高于或低于全球平均水平的国家，通常都会选择浮动汇率制，这样汇率水平可以在较短的时间内进行调整以弥补两国间通货膨胀率的差异。

第四，贸易伙伴的集中程度。如果一国贸易伙伴高度集中在一个国家，那么其选择盯住这个贸易伙伴的固定汇率是最有利于贸易顺利进行的。相比之下，贸易伙伴比较分散的国家一般更多地选择浮动汇率制。

第五，国际经济实力。国际经济实力决定了一国干预外汇市场的能力。例如，在国际资金流动规模很大的情况下，如果一国资本市场对外开放程度较高，但对外汇市场干预实力不强的话，那么就很难实行有效的固定汇率制。

第六，经济发展水平。一国经济发展水平通常由人均国内生产总值来衡量。一般而言，经济发展水平高的国家，经济、金融发展程度相应较高，金融机构、金融制度相对完善，资本管制较少，更倾向于选择浮动汇率制度。

第七，宏观经济政策选择和配合。根据蒙代尔—弗莱明模型，在开放经济条件下，分析固定汇率和浮动汇率制度下货币政策和财政政策的不同效果，得出固定汇率制度下财政政策有效，货币政策无效，而浮动汇率制度下货币政策有效，财政政策无效的结论。资本自由流动、固定汇率与货币政策独立性之间存在着"不可能三角"。现实中，一国可以寻求一种宏观经济政策，使其通货膨胀率与目标盯住货币国家通货膨胀率保持一致。同样，一国也可以采取一种汇率制度安排，甚至是使用共同货币的方法确保固定汇率承诺具有可信性，可见，宏观经济政策协调配合程度也对汇率制度的选择具有影响。

（三）新兴国家的汇率制度选择

有关各国采取什么样的汇率制度的理论，早在第一次世界大战之后，关于是否需要取消金本位制度时就开始了。此后经过数十年的发展，产生了不少传统的汇率制度选择理论，如货币本位选择论、统一货币论、成本—收益决定论、经济结构特征论等。

近年来关于新兴市场的国家汇率制度选择问题，出现了一些比较有影响的理论，其中包括"原罪论"、"害怕浮动论"、"中间制度消失论"等。当前，我国在选择汇率制度时，或多或少地也遇到了新兴市场国家所面临的难题，因此在这里对这些较新的汇率选择理论作简单介绍。

"原罪论"的主要思想是，新兴市场国家的金融市场不完善导致本币不能用于对外贷款，甚至在本币市场上，也不能用本币进行长期借贷。这就导致了其金融体系的脆弱性：若企业借外币用于国内业务，则可能出现"货币错配"，即当本币贬值时，对外借款的本币成本上升，财务状况恶化；若企业借本币时，企业将短期借款用于长期用途时，则可能出现"期限错配"，即当利率上升时，本币的借款成本上升，财务状况也会恶化。由于新兴国家金融市场不完善，也就是所谓"原罪"，不存在远期外汇市场，上面这些汇率和利率风险都无法对冲，因此金融体系非常脆弱，一旦汇率或利率有所变化，便会有企业经营恶化甚至破产。在这种情况下，无论是企业还是政府，都不愿意汇率出现波动，长久以往，就形成了固定汇率制。但固定汇率制也存在问题，如果出现投机者对该国货币的攻击，则容易造成其金融体系的崩溃，例如，当国际投机者攻击使该国国际收支恶化时，政府一方面难以使用汇率贬值手段，否则对外负债的企业将承受巨大损失，另一方面也难以提高利率来捍卫本国货币，否则会使短期借款的企业利率负担大大增加。"原罪论"的政策含义是，既然浮动汇率制和固定汇率制都无法回避金融市场不完善所引发的问题，因此新兴市场国家不如放弃本国的货币，采取美元等国际货币，也就是"美元化"。"原罪论"的分析对我国汇率制度也有一定的参考意义，如我国在加大汇率浮动弹性时，应该发展相应的金融市场，如远期人民币外汇市场，以便企业可以通过外汇掉期业务对冲汇率风险。

"害怕浮动论"是指在现实中，有一部分发展中国家虽然声称其汇率是浮动的，但实际上很多国家的货币并未做到真正浮动，而将其汇率维持在对某种货币（通常是美元）一个相当小的波动幅度内，不少国家即使是有较充足的外汇储备也采取了类似做法，因此这反映出这些国家实际上对汇率较大波动存在心理恐惧。"害怕浮动论"的出现也是与发展中国家经济的一些阶段性特征有关，例如当存在本币升值压力时，发展中国家担心升值会损害出口的竞争力或破坏出口多元化的格局；当存在本币贬值压力时，这些国家由于政府和私人部门的债务主要是对外借款，本币贬值不但会导致债务负担加重，引起经济衰退，还有可能造成输入型通货膨胀，最终损害政府的信誉。

"中间制度消失论"的内容比较简单，即认为只有浮动汇率制或具有非常强的承诺机制的固定汇率制如货币局制度等，才是可以长期维持下去的汇率制度，而位于浮动汇率制和固定汇率制之间的中间汇率制度，如爬行盯住、管理浮动正在消失。"中间制度消失论"所引起的争论也很大，部分学者解释了其理论基础，例如，若市场参与者根据观察到的信息验证了现实中实际运行的汇率制度就是政府所宣布的制度，则这种汇率制度是可信的，但任何中间汇率制度安排都比较复杂，很难在实践中得到验证，因此其可信度低于严格的浮动汇率制和固定汇率制。

第二章
改革开放以来人民币汇率制度的发展演变

改革开放以来，随着我国逐步从计划经济向社会主义市场经济过渡和不断融入世界经济，人民币汇率制度为适应国内改革开放和经济发展的需要，以及国际经济环境的深刻变化，也在不断调整改革完善，目前形成了"以市场供求为基础、参考一篮子货币进行调节、有管理的浮动汇率制度"。回顾人民币汇率制度的发展演变，分析其中的得失利弊，对于进一步改革完善人民币汇率制度具有重要意义。

一 改革开放前的人民币汇率制度沿革

改革开放前，人民币汇率制度经历了新中国成立初期的单一浮动汇率制（1949—1952 年），20 世纪五六十年代的单一固定汇率制（1953—1972 年）和布雷顿森林体系崩溃后以"一篮子货币"计算的单一浮动汇率制（1973—1980 年）三个主要阶段。

（一）1949—1952 年国民经济恢复时期的单一浮动汇率制度

新中国成立前，全国的货币发行和流通情况混乱，导致外汇市场和外汇交易十分复杂，存在"二元"和"三元"汇率制度。① 新中国成立之初，各项事业百废待兴，严重的战争创伤和长期通货膨胀使得整体经济形势十分严峻。为了服务于国民经济的恢复与发展，建立了以中国人民银行为核心的新中国金融体系，发行了统一的货币——人民币，实行了统一的外汇管理制度和统一的人民币汇率制度，初步扭转了货币发行、货币流动和外汇交易的混乱局面。当时外汇资金十分短缺，对物资进口构成严重制约。当时外汇工作的主要任务是巩固和完善外汇管理制度，取消外国银行的金融特权，取缔外币流通和外币黑市，加强对贸易外汇和非贸易外汇的管理，积累外汇资金。

国民经济恢复时期基本上实行的是浮动汇率制度，人民币汇率主要根据人民币对美元的出口商品比价、进口商品比价和华侨的日用品生活费比价三者的加权平均数来调整。1949 年 1 月 19 日，旧人民币对西方国家货币的汇率首先在天津口岸产生。当时确定 1 美元合 800 元旧人民币，同时也确定了以此汇率套算人民币与其他西方国家货币间的汇率。此后，由于朝鲜战争的爆发，我国于 1952 年 1 月 1 日停止制定人民币对美元的汇率，改为制定人民币对英镑的汇率，对其他国家货币的汇率也改以英镑为基础套算。

新中国成立最初几年，人民币汇率制度的主要有以下两方面特点。一是人民币汇率基本属于自由市场汇率，汇率随着国内外物价的变化而不断调整，在国内物价飞涨时期，人民币对美元汇率不断随着供求关系变化而下跌。② 二是人民币汇率变动十分频繁，最多一

---

① "二元"汇率制度指官方汇率（或称法定汇率）与市场汇率并存，法币流通初期，同时与英镑和美元挂钩。国民党政府授权中国银行和交通银行逐日公布商汇牌价，此牌价高于法定汇率，但一般低于市场汇率，从而形成了介于官方汇率和市场汇率之间的第三种汇率，即平行汇率，从而形成"三元"汇率并存制度。

② 即对美元贬值，下同。

年调整 50 余次，币值剧烈波动，缺乏稳定性，从 1949 年初 1 美元兑换 800 元旧人民币跌到 1950 年 3 月的 4.2 万元旧人民币，跌幅达 98.1%，1952 年底旧人民币兑美元汇率又从最低点上升到 1 美元兑换 26170 元，升幅达 60.5%。

（二）1953—1972 年计划经济时期的单一固定汇率制度

这一时期，我国基本建立起计划经济体制，在金融领域建立起与之相适应的高度集中统一的金融体制，统一管理货币投放回笼计划，建立统一的利率管理制度和外汇管理制度，并于 1955 年 3 月发行了新人民币，汇率也进行了相应调整。[①] 外汇收支实行全面的指令性计划管理，统收统支，以收定支，收支两条线，综合平衡，外汇资金分配、管理、监督分散在国务院各个部门。与此同时，由于冷战导致东西两大阵营分立对抗，资本主义国家阵营按照布雷顿森林体系的安排，实行美元与黄金挂钩、其他国家货币与美元挂钩的固定汇率制度，而以苏联为首的经互会国家也采取以卢布为主导的固定汇率制度。

在当时的国际环境和国内经济条件下，我国也实行单一固定汇率制度。在将近 20 年的时间内，人民币对美元汇率一直没有作大的调整，基本保持在 1 美元兑换 2.46 元人民币的水平。在其他主要货币大幅升值或贬值时，人民币汇率也相应进行调整。例如，1967 年英国宣布英镑贬值 14.3% 时，我国将 1 英镑兑换 6.893 元人民币调至 5.908 元人民币。又如，1971 年 12 月美元贬值 7.89%，我国将 1 美元兑换 2.4618 元人民币调至 2.2673 元人民币。在这一阶段，人民币汇率基本脱离对外贸易和市场供求关系变化，仅成为结算和编

---

① 新币以 1:10000 比率折兑旧币。

制计划的工具，外贸盈亏全部由国家财政负担与平衡。人民币汇率长期保持不变导致人民币币值高估，直接影响了我国出口产品价格和外汇收支，例如，1964 年平均出口换汇成本 1 美元已达 6.5 元人民币，而汇率仍是 1 美元兑换 2.4618 元人民币，出口 1 美元就要亏损 4 元人民币。随着国内外经济环境的变化，人民币汇率制度不得不再次调整。

（三）1973—1980 年按"一篮子货币"计算的单一浮动汇率制

这一时期，由于石油危机的爆发、布雷顿森林体系的崩溃，资本主义"黄金增长期"结束，世界主要货币实行浮动汇率制度。布雷顿森林体系具有固有缺陷：一是美元的清偿能力和对美元的信心构成矛盾，表现为美元的国际货币储备地位和国际清偿力的矛盾，储备货币发行国与非储备货币发行国之间政策协调的不对称性，以固定汇率制下内外部目标之间的两难选择等；二是汇率体制僵硬，无法通过汇率浮动自动实现国际收支平衡，调节国际收支失衡的责任主要落在非储备货币发行国一方。20 世纪六七十年代，美元危机多次爆发，其后以 1971 年 12 月的《史密森协定》为标志，美元对黄金贬值，同时美联储拒绝向国外中央银行出售黄金，至此美元与黄金挂钩的体制名存实亡。1973 年 2 月，美元进一步贬值，西方国家货币被迫实行浮动汇率制，至此布雷顿森林体系完全崩溃。

为了适应国际汇率制度的这种转变，减轻国际主要货币汇率频繁波动对国内经济和金融稳定带来的不利影响，根据有利于维持人民币汇率基本稳定、促进国际贸易发展和实现外汇资产保值的原则，人民币汇率参照西方国家货币汇率浮动情况，采用"一篮子货币"加权平均计算方法进行调整。制定人民币汇率的方法随之改变，从过去"物价对比法"改为"一篮子货币"计算方法，选择有一定代表性、与中国贸易相关性较大、可以自由兑换的若干种货币，按其重要程度及政策上的需要，根据其在国际市场上的变化情况，加权计算出人民币汇率。1975 年 11 月，我国决定将人民币汇率定在美元与马克汇率的中间线上。为此人民币对美元汇率从 1973 年的 1 美元兑换 2.46 元逐步调至 1980 年的 1.50 元，人民币对美元升值了 39.0%，同期人民币兑英镑汇率从 1 英镑兑换 5.91 元调至 3.44 元，人民币对英镑升值 41.8%。

在这一阶段，按照"一篮子货币"计价方法确定人民币汇率，并在国际市场西方主要货币汇率出现大幅波动时适当调整人民币汇率，这种做法在一定程度上有利于抵御和减少国际汇率波动对人民币币值的影响，保持了人民币国内购买力的相对稳定。但是，由于在按照"一篮子货币"计价方法确定人民币汇率时，并未充分考虑人民币相对于外币的实际购买力、外汇供求关系等经济因素的影响，所确定的汇率只能反映人民币与"一篮子货币"的相应变动情况，并造成人民币汇率高估，减弱了汇率对经济和贸易的调节作用。随着我国开始实行改革开放政策，汇率高估的不利影响日益凸显，造成外贸进出口严重不平衡，逆差不断扩大，贸易部门和非贸易部门间产品比价关系失调，在很大程度上影响到对外贸易和经济的健康发展。

二 改革开放初期实行的人民币汇率双轨制

1978 年 12 月，党的十一届三中全会胜利召开，全党工作重点转向以经济建设为中心，中国从此迈入改革开放的伟大历史进程。1979 年，我国开始对过度集中的传统计划经济体制进行改革，在外贸体制方面重点推行下放外贸经营权和实行分散经营管理。计划经济时期僵化的人民币汇率制度和人民币汇率的高估，对扩大出口创汇形成严重障碍，已经成为迫切需要得到解决的问题，人民币汇率体制改革由此拉开序幕。为鼓励扩大出口创汇、解决人民币汇率高估造成的出口行业亏损严重和财政补贴负担过重等突出问题，我国开始实行汇率双轨制。汇率双轨制大致可分为两个阶段，即在1981—1984 年的官方汇率与贸易外汇内部结算价并存阶段和 1985—1993 年的官方汇率与外汇调剂价格并存阶段。

（一）1981—1984 年官方汇率与贸易外汇内部结算价并存的双轨汇率制

这一时期，我国初步实行双轨汇率制度，官方汇率主要适用于旅游、运输、保险等劳务项目和经常转移项目下的侨汇等外汇结算，贸易内部结算价限于进出口贸易外汇的结算和外贸单位经济效益核算。为纠正人民币汇率高估和促进出口创汇，国家适当调整了人民币官方汇率，人民币对美元汇率由 1981 年 7 月的 1.50 元向下调整至 1984 年 7 月的 2.30 元，对美元贬值了 53.3%，同时实行人民币官方汇率以盯住美元为主的汇率制。贸易内部结算价格则根据当时的出口换汇成本，确定在 2.80 元的水平。[①]

首先，这种双轨汇率制度的出台目的在于，扭转 20 世纪 70 年代中后期人民币汇率严重高估的情况。长期以来，我国实行的贸易与非贸易单一汇率制度已无法适应进出口贸易发展的要求，特别是对扩大出口和外汇储备积累不利。如 1979 年我国出口 1 美元的商品，全国平均换汇成本为 2.41 元，而出口企业按银行牌价只能得到

---

① 规定贸易内部结算价按照 1978 年全国平均换汇成本 2.53 人民币/美元，加上 10% 的出口利润计算出来 2.80 人民币/美元，1981—1982 年由于全国出口平均换汇成本变动不大，贸易内部结算价没有变动。

1.555 元人民币，因此每出口 1 美元，企业要亏损 0.8555 元，从而造成出口越多亏损越大，而经营进口只赚不赔的扭曲现象。

其次，实行官方汇率和贸易内部结算汇率并存是为了与外贸体制改革相配合。1979 年 8 月，国务院决定改革外贸体制，包括打破外贸垄断经营、建立外贸企业自我运行机制、改革进出口管理体制、消除价格和汇率扭曲等。为鼓励出口，平衡外汇收支，我国开始实行外汇留成制度，允许外贸企业在完成出口创汇任务指标后，可以保留外汇留成自用。贸易内部结算价的采用，在一定程度上有助于解决外贸企业出口换汇成本过高甚至出口亏损的问题。

第三，当时的国际经济环境较 20 世纪 70 年代有所改善，促进了我国外汇储备规模的扩大。两次石油危机过后，为治理严重的通货膨胀，美国采取了紧缩性货币政策，美元处于升值状态，国际货币体系动荡程度减轻；加之西方发达国家经济开始走向复苏，我国外需较上一阶段转好，贸易收支明显好转，外汇储备增长较快。1984 年年末我国外汇储备累计余额达到 170.42 亿特别提款权，为历史上的最高水平。

同时，也应看到，实行贸易内部结算价和官方汇率并存的双轨汇率制度，并没有完全消除人民币汇率高估问题，也不能完全解决出口企业的亏损问题和减少国家财政负担，同时还造成外汇管理的混乱，只能是一种过渡性汇率制度安排。

（二）1985—1993 年官方汇率与外汇调剂价格并存的双轨汇率制

随着实行贸易内部结算价制度弊端的日益凸显，我国于 1985 年 1 月 1 日再次调整人民币汇率制度，取消贸易内部结算价，把官方汇率应用于贸易结算和非贸易外汇兑换。虽然名义上恢复了单一的汇率制度，但在具体的实践中，随着出口企业留成外汇规模的扩大，调剂外汇的交易量越来越大，因此名义上是单一汇率，实际上则形成了官方汇率与外汇调剂价格并存的双轨汇率。

1985—1993年汇率制度的形成与我国外汇调剂市场的出现和外贸体制的进一步改革密切相关。我国于1985年再次提高外汇留成比例，采取按出口商品收汇金额比例留成的办法。当年12月，我国改变多年来由中国银行举办外汇调剂业务的模式，在深圳成立第一个外汇调剂中心。外汇调剂市场汇率成为当时补偿出口亏损和促进出口增长的重要手段。1988年我国外贸体制进行了重大改革，外贸开始推行承包责任制，并对轻工、工艺、服装三个行业实行独立核算、自负盈亏。1991年外贸由补贴机制转向自负盈亏机制，取消财政补贴。外贸体制改革深入开展促进了出口规模的扩大，单靠官方汇率难以解决外贸核算问题。1988年3月各地普遍设立外汇调剂中心，进一步增加留成外汇比例，扩大外汇调剂量，放开调剂市场汇率。

这一时期，为了消除汇率高估、调节国际收支，使人民币汇率同国内外物价的变动相适应，人民币官方汇率总体处于下跌状态，依照跌幅不同大致可划分为两个阶段。

1985—1990年为第一阶段，我国依据全国出口平均换汇成本上升的情况，多次大幅下调人民币官方汇率。1985年1月1日至10月1日由1美元兑2.8元人民币逐步调整到3.2元，下调12.5%；1986年7月5日调至3.70元，下调21.6%；1990年11月17日调至5.22元，下调9.6%。

1991—1993年为第二阶段，人民币汇率小幅微调。虽然人民币汇率经过几次大幅下调，高估情况逐步得到改善，但物价上涨在一定程度上抵消了人民币汇率下调的效果，人民币汇率依然被高估。同时，鉴于前几次一次性大幅度下调人民币汇率对国民经济影响较大，企业难以承受，因此从 1991 年起官方汇率改为小步缓慢调整。经过数十次小幅调整，人民币官方汇率从 1990 年 11 月的 1 美元兑 5.22 元人民币，下跌至 1993 年底的 5.70 元，累计下调 9.6%。

1985—1993 年，调剂市场汇率按照市场供求状况浮动，并受到国家宏观政策的影响，整体波动较大。1988 年至 1993 年由于经济过热、通货膨胀，加之进口需求猛增，外汇供不应求，人民币市场调剂汇率不断下跌，由 1 美元兑 5.70 元人民币贬值为 8.20 元。为了限制汇率投机，外汇市场一度实行限价，造成外汇流向场外交易。1993 年 5 月限价取消，人民币市场调剂汇率骤跌至 1 美元兑 11.20 元人民币，7 月后由于国家加强宏观调控和人民银行进行市场干预，市场调剂汇率逐步回落至 1 美元兑 8.72 元人民币。

（三）双轨制汇率的利弊得失

20 世纪八九十年代，人民币汇率双轨制的出现和长期存在有一定的历史必然性，是计划汇率向市场汇率过渡的特殊形式。以外汇留成制为基础的外汇调剂市场，对促进企业出口创汇、实现外汇收支平衡和积累外汇储备均起到了积极作用。但是，随着国内经济体制改革的深入，特别是外贸体制改革的不断深入及对外开放步伐的加快，官方汇率和外汇调剂市场汇率的并存造成的弊端逐渐显现出来。一是多种汇率的并存造成了外汇市场秩序混乱，助长了外汇投机；二是外汇黑市的长期存在不利于人民币汇率的稳定和人民币信誉的提高。人民币汇率双轨制的延续，不利于外汇资源的有效配置，不利于市场经济的进一步发展，外汇体制改革的迫切性日益突出。

三 1994—2005 年以市场供求为基础的、有管理的浮动汇率制度

在总结上一阶段经济体制改革和国民经济发展经验和教训的基础上，党的十四届三中全会于 1993 年 11 月胜利召开，通过了《中共中央关于建立社会主义市场经济体制若干问题的决定》，明确了经济改革的目标是建立社会主义市场经济体制。按照《决定》确定的建立社会主义市场经济体制基本框架的总体要求和安排，明确外汇体制改革的总体目标是建立以市场供求为基础有管理的浮动汇率制度和统一规范的外汇市场，逐步使人民币成为可兑换的货币。1994 年 1 月 1 日实行人民币官方汇率与外汇调剂价并轨，人民币官方汇率由 1993 年 12 月 31 日的 5.80 人民币/美元下调至 1994 年 1 月 1 日的 8.70 人民币/美元，我国开始实行以市场供求为基础的、有管理的浮动汇率制度。

（一）人民币汇率制度改革的背景

一是适应建设社会主义市场经济的要求。建立社会主义市场经济体制就是要使市场在国家宏观调控下对资源配置起基础性作用，这就要求在外汇体制改革方面充分发挥市场机制对外汇资源配置的基础性作用，同时由宏观经济管理部门间接加以调控和管理。实行人民币官方汇率与调剂市场汇率并轨，并参照调剂市场汇率确定初始汇率水平，建立以市场供求为基础的、有管理的单一浮动汇率制正是体现了上述要求。

二是适应扩大对外开放的要求。扩大对外开放有利于我国更好

地参与国际分工，使我国劳动力资源丰富的比较优势得以充分发挥，带动经济增长和就业增加；充分利用国际国内两个市场、两种资源，引进国外先进技术和管理经验。建立以市场供求为基础有管理的浮动汇率制，适当增加人民币汇率弹性，使人民币汇率能够适应国内外经济环境的变化而有所变动，有利于微观经济主体能够随时根据国际市场和国内市场的汇率、利率等信号调节生产和经营模式，保持市场竞争力，提高经济效率，从而适应扩大对外开放和对外经济发展的要求。

三是适应调节国际收支的要求。在计划经济体制时期，人民币汇率更多地是作为国家预算中的一种会计核算工具，无法起到调节国际收支的作用。虽然实行汇率双轨制在一定程度上引进了市场因素，允许企业将留成外汇拿到调剂市场进行交易，但并未改变官方汇率高估、外贸企业计划内出口按官方汇率结汇造成的出口亏损和依赖补贴等根本性问题，导致经常项目持续逆差，外汇储备不断下降。1993 年下半年，外汇储备曾一度下降至 180 亿美元，尚不足维持 3 个月的进口。

四是适应稳定外汇市场的要求。20 世纪 90 年代初，受通货膨胀预期的驱动，我国外汇调剂市场剧烈波动，外币价格出现强劲上涨，国家不得不实行限价。此后虽然由于负面影响过大市场限价被取消，但是其他改革措施没跟上，加之市场参与者对本币缺乏信心，致使外币价格进一步攀升。这一局面促使人民银行首次采用抛售外汇的手段干预外汇市场，迅速稳定了市场汇率，随着金融秩序和宏观经济形势的好转，坚定了国家对外汇体制进行重大改革的决心和信心。

（二）汇率制度安排框架

1994 年我国开始实行以市场供求为基础的、单一的、有管理的浮动汇率制，企业和个人按规定向银行买卖外汇，银行进入银行间外汇市场进行交易形成市场汇率，中国人民银行设定一定的汇率浮动范围，并通过调控市场保持人民币汇率稳定。这一汇率制度安排主要包括以下几方面：

第一，银行结售汇制度。在结汇方面，对经常项目外汇收入实行强制结汇和超额结汇制度，对资本项目外汇收入结汇实行审批和一定限制。在售汇方面，实行经常项目基本可兑换、资本项目外汇实行管制的管理框架，要求银行按照经常项目凭有效商业单据和凭证，资本项目凭有效凭证和外汇管理局核准件的原则办理售付汇。垄断了外汇来源和外汇供给渠道。1997 年允许部分出口和外贸企业保留 15% 的外汇账户。

第二，全国统一的银行间外汇市场（外汇交易中心系统）。我国外汇市场有两个层次，即客户与外汇指定银行之间的零售市场和银行间买卖外汇的同业市场。这两个层次的市场也分别被称为银行结售汇市场和银行间外汇市场。银行间外汇市场主要为银行平补结售汇头寸提供服务，其基本功能是生成人民币市场价格。银行间外汇市场实行会员制，外汇交易采取分别报价、撮合成交的竞价交易方式，按照价格优先、时间优先的原则对外汇买卖进行撮合，交易系统实行集中清算。

第三，银行结汇周转头寸制度。对银行结售汇周转头寸实行上下限双向管理。如果低于下限，银行必须到银行间市场买入。如果高于上限，必须到银行间市场抛出，在上下限之间则可以自行选择买还是卖，抑或是不入市交易。

第四，银行间市场撮合交易制度。银行需提前一天向中国外汇交易中心报告第二天拟在银行市场间卖出或买入的外汇的量，且当天只能做一个方向的交易。在第二天上午的实际交易中，银行报价包括交易价格和交易量，并根据价格优先、时间优先的原则自动撮合成交。外汇指定银行当天只能进行买入或卖出的单向交易，不可以买卖双向同时进行。2003年10月1日后，银行间外汇市场引入了双向交易制度，即允许各会员单位通过银行间外汇市场交易系统在同场交易中进行买卖双向交易。

第五，银行间市场汇率浮动区间制度。在形成人民币汇率时，首先形成人民币兑美元汇率，然后根据国际市场美元兑其他货币的汇率形成人民币兑非美元货币的汇率，同时人民银行对人民币汇率日波动幅度设定范围。例如，人民币对美元、日元、港币汇率的浮动区间分别为0.3%、1%和1%。人民银行只对美元对人民币的交易进行干预。如果银行报出的价格超过规定的上限或者下限，则为非法报价，计算机不予接受。

第六，中国人民银行实行公开市场操作。中国人民银行通过设在中国外汇交易中心的公开市场操作室入市干预，吞吐外汇，平抑供求，稳定汇价。当美元对人民币汇率到达规定的浮动上下限或者银行结汇周转头寸超过规定幅度时，央行有义务对外汇市场进行干预。当汇率以及结售汇周转头寸在规定的区间内浮动时，央行可根据事前设定的政策目标，决定是否需要入市干预。

（三）并轨后的人民币汇率走势

1994年汇率并轨时，官方汇率一次性下调幅度达33.3%。但考虑到并轨前夕，约80%的外汇收支活动已通过外汇调剂市场进行，而调剂市场汇率则为1美元兑8.7元人民币左右，因此当时人民币汇率的实际贬值幅度不足10%。并轨后，人民币汇率长期高估的情况初步扭转，汇率水平趋于合理，改变了之前长期盘跌的走势。从1994年至1997年底，人民币对美元汇率升值了4.8%。在实际和名义有效汇率方面，1994 年 1 月至 1997 年 2 月，人民币实际和名义有效汇率基本处于单调升值状态，升值幅度分别达 42.5% 和 12.4%。

1994 年以来，人民币汇率一反连续贬值的常态，开始稳中有升，海内外对人民币的信心不断增强，其原因主要在于以下几个方面。一是随着外贸经营权的逐步放开，外贸公司不再根据计划，而是根据经济效益决定进出口；1994 年我国由上年 122.2 亿美元的贸易逆差转为 54 亿美元的贸易顺差，此后几年贸易顺差迅速增多，至 1997 年达到 404.2 亿美元；企业原有外汇留成部分由于结售汇制的实施流入市场，外汇供给迅速增加，导致人民币相对于美元升值。二是外商直接投资持续高速增长，由于改革开放的深入，国外投资者不但看重我国低廉的要素成本，而且更看重庞大的国内市场。1994 年、1995 年和 1996 年，外商直接投资年均超过 800 亿美元，是历史上外资集中进入我国的一个重要时期。与此同时，当时国内利率高达11%，超过美元利率 6 个百分点，导致短期资本通过各种形式进入我国以套取利差。外资大量流入增加了外汇供给，是人民币保持升值态势的重要原因。三是我国宏观调控措施初见成效、金融紧缩力度加大，经济增长实现"软着陆"，需求膨胀基本得到抑制，导致进口增加对人民币汇率形成的贬值压力较上一阶段有所减轻。

1997 年爆发的亚洲金融危机对人民币汇率稳定造成了严重威胁，外界普遍预期人民币汇率将大幅贬值。为防止亚洲周边国家和地区货币轮番贬值使危机深化，作为一个负责任的大国，我国明确提出保持人民币汇率的基本稳定，主动收窄了人民币汇率浮动区间，1998 年至 2004 年，人民币兑美元汇率基本维持在 8.279—8.277 之间。人民币实际和名义有效汇率的变动则较为剧烈，1997 年 7 月至 1998 年 8 月，分别升值 12.7% 和 15.0%，此后开始震荡下挫，至 2000 年 7 月分别贬值 9.3% 和 2.2%，实际有效汇率基本回到 1997

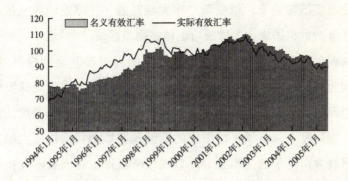

图 2—1 1994 年至 2005 年上半年人民币实际和名义有效汇率走势

资料来源：国际清算银行。

年初的水平。2002 年 2 月开始，由于美联储不断降低利率，美元持续汇率走低，带动人民币实际和名义有效汇率进入贬值通道，至 2005 年 6 月分别贬值 10.2% 和 10.7%，实际有效汇率基本回到 1996 年初水平。

（四）亚洲金融危机对人民币汇率制度的冲击

20 世纪八九十年代，东南亚一度成为世界经济增长最快的地区。1997 年夏，一场以泰国货币危机为起点的金融危机席卷东南亚各国，并迅速波及东亚及亚洲其他国家和地区，最终演变成为区域性的经济金融危机，使亚洲许多国家蒙受了巨大的损失，甚至对整个世界经济增长都产生了负面影响。1997 年 7 月 2 日，泰国将固定汇率改为浮动汇率，引起货币大幅度贬值。随后，菲律宾比索、印度尼西亚盾、马来西亚林吉特等均大幅贬值。3 个月后，韩国金融危机骤起，韩元大幅贬值，大公司纷纷破产。11 月初，日本三洋证券等一些金融机构先后倒闭，引发日本乃至全球股市暴跌，日元大幅贬值。1998 年 2 月后，东南亚一些国家货币汇率再次暴跌。当年 8 月，在亚洲金融危机影响下，俄罗斯卢布大幅贬值，并爆发债务危机，拉美濒临金融危机边缘，美欧股市也随之剧烈震荡。

亚洲金融危机爆发的直接原因在于国际对冲基金的投机炒作，以泰国为例，这些基金大肆抛售泰铢，买进美元，造成泰铢贬值压力，当泰国外汇储备消耗殆尽后，不得不放弃固定汇率制度，而在浮动汇率制度下，市场早已形成的贬值预期推动货币以更大幅度贬值，最终货币体系遭受重创，并造成经济衰退。亚洲金融危机爆发的根本原因在于东南亚国家自身经济结构存在缺陷，经济高增长掩盖了许多结构性问题：一方面，东南亚自身产业结构、资源配置结构、货币体系、外资政策等都存在隐患，给了国际游资可乘之机；另一方面，外汇储备相对不足，泰国当时的外汇储备仅有 300 亿美元左右，难以抵御投机炒作。

亚洲金融危机爆发后，市场出现较强的人民币贬值预期，外汇资金流出压力陡然加大。我国在出口增长率下降、国内需求不振、失业增多和遭遇特大洪涝灾害的情况下，为防止危机在亚洲和世界进一步扩散，采取了相应的汇率政策和措施，坚持人民币不贬值，将人民币对美元汇率基本稳定在 8.28：1 的水平，为支持亚洲乃至世界经济金融稳定作出了重大贡献。但是，我国"有管理的浮动汇率制度"，事实上演变为单一盯住美元的汇率制度，汇率波动区间较 1994 年至 1997 年大幅度收窄。

在亚洲金融危机期间，我国的金融体系保持稳定，经受住了考验，这首先是由于我国经济基本面良好，同时在很大程度上也与当时的汇率制度等密切相关。一是我国实行强制结售汇制度，外汇资金大部分集中到国家手中，形成充足的外汇储备，1997 年我国外汇储备达 1399 亿美元，远高于同期的东南亚国家。外汇储备在关键时候起到了巨大的威慑作用，投机者需要比拖垮泰铢多得多的资金，才能耗尽中国外汇储备，拖垮人民币，增加了投机者在中国外汇市场兴风作浪的机会成本。二是我国对资本项目实行严格管制，人民币尚未实现资本项目下的自由兑换，外资涉足房地产和证券业受到严格的限制，也不能直接经营人民币业务，国际投机资本难以像在东南亚地区那样通过抛售本地货币进行投机。三是我国的对外债务结构相对合理，管理有序，避免了国际投机资本的冲击。我国坚持鼓励外商直接投资的原则，直接投资在生产设备、技术投资等方面与本地资源紧密结合，难于轻易抽逃；外债占国内生产总值的比例较低，国际警戒线为50%，我国当时仅15.5%；债务结构合理，中长期债务占88.5%，短期外债仅为11.5%。

（五）这一阶段汇率制度的利弊分析

这一阶段我国实行的是以市场供求为基础的，单一的、有管理的浮动汇率制，但从1997年以后的实际情况看，人民币在事实上是盯住美元的。这种制度安排有其合理性和优越性。一是稳定了外贸企业汇率预期，降低了结汇风险，有助于保持出口竞争力。我国对外贸易和投资结算大多是以美元计价的，国内企业和居民持有的外汇资产也大多为美元，而同时国内外汇市场发育还非常有限，远期外汇市场、期货市场和期权市场几乎还是空白，市场也无法为商业银行和外贸企业提供规避风险、锁定成本的工具，实际上盯住美元的固定汇率制是一种比较合适的制度安排，这既消除了汇率波动对进出口贸易的影响，也降低了国内进出口企业的外汇操作成本。二是通过降低汇率波动最大限度地降低金融风险，有利于稳定国内货币金融体系。在国内金融体系还不完善，银行系统不良资产问题还比较突出，监管监控机制还不健全的情况下，这种相对固定的汇率制起到了防火墙的作用，保护了国内金融体系免遭国际金融风险的冲击。

实施盯住美元的汇率政策本应是一种应急措施，但由于我国在危机平复后未能及时调整汇率政策，连续数年将人民币兑美元汇率固定在 8.28∶1 的水平上，也带来了许多新的问题。一是无法真正反映经济基本面和外汇供需状况。人民币与美元保持超稳定状态无法反映国内外经济基本面的变化对汇率调整的要求，实际上导致了人民币汇率低估的问题，由于低估程度不断累计，扭曲的程度越来越大。二是加大了货币政策操作的难度。进入新世纪以来，我国对外贸易持续顺差，外商直接投资持续增加，加之一些投机资本的流入，人民币开始面临较大的升值压力。人民银行为了维护汇率水平的稳定不得不投放人民币以对冲外币的流入，而货币供应量增加又加大了通货膨胀压力，人民银行只能再通过发行央行票据等措施回收过多的流动性资金，这在很大程度上增加了央行的财务成本，从长期来看难以为继。三是对与其他国家的贸易和资本往来产生不利影响。人民币盯住美元的制度安排有利于那些以美元计价的进出口贸易和引进外资等经济活动，但在我国对外经济活动中还有相当部分是以其他货币如欧元、日元等计价的，美元对这些货币汇率的大幅波动同样也会反映在对外经济中，对稳定进口成本和出口竞争力同样也有不利影响。特别是 2001 年以后，美元汇率大幅度贬值，人民币兑其他货币汇率随之贬值，在一定程度上造成与这些国家贸易不平衡，贸易摩擦不时出现。

（六）这一阶段汇率制度需要进一步完善

当时实行的汇率制度在抵御亚洲金融危机冲击上确实起到了至关重要的作用，但在外汇市场构成、外汇交易品种、央行干预手段等方面确实需要进一步完善，继续推进汇率形成机制的市场化改革。

第一，市场交易主体类型有限，头寸管理过于严格。在当时汇率制度安排下，企业不能参与外汇市场交易，绝大部分企业实行经常项目强制结售汇。同时，银行无法按真实意愿进行交易，外汇指定银行在办理结售汇过程中出现超过规定的结售汇周转头寸时，必须在外汇市场上抛出；反之，则必须补足。因此银行间外汇市场的外汇供求也不能充分体现各外汇指定银行的真实交易意愿。

第二，外汇交易种类有限，缺乏汇率避险品种。当时我国外汇市场交易方式主要是即期交易，外汇市场发育非常有限，远期外汇市场、外汇期权市场、外汇期货市场非常有限或者根本还没有建立。因此，市场上还不能充分提供规避对外贸易和投资汇率风险的金融工具。面对突如其来的巨大外汇风险时，企业难以通过金融工具对冲，对国际贸易和投资发展十分不利，这也是当时我国实行盯住美元政策的原因之一。我国外汇市场的交易币种主要限于美元、欧元、日元和港币，所形成的市场汇率只有人民币对这几种货币的汇率，对其他货币的汇率只能根据国际外汇市场上的汇率采取套算得到，影响企业在对外经济往来中的交易成本和交易风险。

第三，资本项目未开放，央行过度干预外汇市场。我国仅实现了人民币在经常项目下可兑换，对资本项目仍实行较为严格的管制。严格地讲，外汇市场仅反映经常项目的外汇收支状况，形成的人民币汇率不能全面反映国际收支盈余，代表性不够。通过强制性结售汇制度、结售汇周转头寸管理制度，中国人民银行成为外汇市场交易的主体，在外汇市场供大于求的情况下，敞口收汇，被动托盘，在一定程度上失去了宏观调控者的作用。

四 2005 年的人民币汇率制度改革

2000 年以后，随着亚洲金融危机影响的逐步消失和国际经济大环境的改善，我国经济呈现出持续、平稳较快发展的良好态势，经济体制改革不断深化，金融领域改革取得了新的进展，外汇管制进一步放宽，外汇市场建设的深度和广度不断拓展，为完善人民币汇率形成机制创造了条件。2005 年 7 月，我国再次改革人民币汇率制度，实行"参考一篮子的有管理的浮动汇率制度"，此后人民币开始了渐进升值之路，一直延续到 2008 年上半年。

（一）2005 年汇率制度改革的国内背景

一是外贸连年顺差，出口高速增长。亚洲金融危机之后，我国对外贸易一直保持顺差，其中 2001—2004 年顺差分别为 225.5 亿美元、303.7 亿美元、255.3 亿美元和 319.8 亿美元，2005 年 1 月至 6 月累计贸易顺差已达 396.5 亿美元。我国于 2001 年加入世界贸易组织，承接国际产业转移和参与国际分工进入一个新阶段，外商直接投资不断增加，加工贸易出口快速增长，我国比较优势和经济全球化进程的有机结合是出口高速增长和保持连年顺差的根本原因。2002 年后，在科技进步和经济全球化的推动下，世界经济进入新一轮高速增长期，年均增速超过 3%，外需形势迅速好转是出口高速增长的外部条件。长期以来，我国外汇储备十分短缺，为此形成了包括出口退税政策在内的一整套出口鼓励政策体系，是出口高速增长的内部条件。出口为我国 GDP 增长作出了巨大贡献，贸易收支长期不平衡也形成了人民币升值的经济基本面。

二是外汇储备不断积累，货币政策压力加大。我国实行银行结售汇制度，加之存在人民币升值预期，外贸企业不愿留存美元，出口和外商直接投资增长直接带动了外汇储备增长。2004 年外汇储备同比增长竟然高达 51%，至 2005 年 6 月底，我国外汇储备已达到 7109.73 亿美元，居世界第二位，仅次于日本。人民银行是我国外汇市场上最大的买家，外汇占款激增导致货币供给的不合理扩张，加大了通胀的压力。2003 年以来，我国物价水平持续地上升，2004 年 5、6、7、8 月份消费物价指数（CPI）分别是 4.4%、5%、5.3%、5.3%，均高于我国 3% 的物价目标。控制国内通胀、减轻货币投放压力、提高货币政策独立性都要求进一步完善人民币汇率制度。

三是我国经济实力不断提高，增长前景看好。2001—2005 年，我国 GDP 保持年均 9% 以上的增长，2005 年上半年同比增长 9.5%，前景看好，而同期美国 GDP 增长速度大致 3%—4%。良好的经济增长前景从以下三方面影响人民币汇率制度调整。首先是从长期看，我国作为发展中国家比发达国家经济增长速度快，要求人民币取升值态势；其次是由于看好我国经济增长前景，外资大量投入中国，新世纪以来基本保持每年 600 亿美元的规模，加大人民币升值压力；再次是人民币汇率制度改革完善对出口和国内经济增长可能存在负面影响，强大的经济实力和良好的增长前景有利于国内经济消化汇率调整成本，是汇率制度调整的前提条件。

四是金融改革稳步推进，市场化程度日益提高。为应对经济全球化、金融全球化的浪潮，我国稳步推进金融体制改革，提高市场化程度。在利率市场化改革方面，1994 年开始的一系列政策基本遵循"先外币、后本币；先贷款、后存款；先长期、大额，后短期、小额"的基本思路，国有银行不良贷款逐步剥离，银行治理结构不断完善，利率市场化程度稳步提高。在金融业务与机构准入方面，先后放开了符合条件的券商和基金管理公司从事同业拆借和债券回购业务，保险基金进入股票市场和商业银行开办代理证券业务，以及金融衍生业务、投资基金托管、财务顾问等投资银行业务。汇率是联系国内外经济的纽带，进一步提高我国金融领域市场化程度，必然要求继续推进汇率形成机制的市场化改革，增加汇率弹性，提高市场在汇率决定中的作用。

（二）2005 年汇率制度改革的国际背景

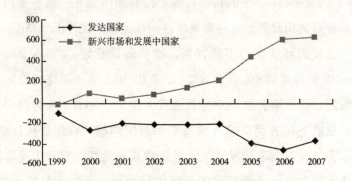

图 2—2　全球经常项目失衡情况

资料来源：国际货币基金组织（IMF）。

　　一是全球化的深入开展。20 世纪 90 年代以来，经济全球化在经济活动的各个方面广泛展开，市场、生产、投资、金融和科技活动的跨国界联系不断发展，成为商品、服务、技术、信息、资源和各种生产要素在全球范围广泛流动和寻求最优配置重要途径。据联合国贸易和发展会议统计，外国直接投资流入占东道国资本形成总额的比重，1980 年全球平均仅为 2.3%，到 1990 年上升到 4.3%，此后迅速提高，到 2004 年已高达 12.3%。科技创新及其产业化和分工制造的全球化进程也不断深入，技术创新和跨国转移速度不断加快，跨国公司在全球各地设立研发中心，世界各国在重大科技研发项目上开展广泛合作。经济全球化与我国经济发展和汇率制度改革密切相关，首先是为我国充分利用国际国内两个市场、两种资源提供了有利条件，促进了国内经济和出口的增长；其次是经济全球化伴随着全球经常项目失衡的加剧，我国成为全球顺差重要来源地之一，并由此形成人民币升值压力；再次是伴随着金融全球化的深入开展，国际游资的流动对人民币汇率预期产生了一定影响。

二是全球经常项目失衡加剧。20世纪90年代以来，全球经常项目失衡状况不断加剧。在亚洲金融危机前的1995年，美国的经常项目逆差占全球总逆差的33%，而逆差最多的5个国家的逆差之和占全球总逆差的57%；到2005年，美国的经常项目逆差占全球总逆差的比重达到创纪录的65.1%。经常项目顺差分布则主要集中在制造业出口优势较强的亚洲地区、出口石油的中东地区和俄罗斯等独联体国家。我国承接了大量国际产业转移，特别是劳动密集产业和高新技术产业的加工制造环节，由此成为"世界工厂"，并形成了"双顺差"的格局，积累了巨额的外汇储备，成为全球经济失衡中的重要一极，造成人民币升值压力加大和围绕人民币汇率的国际争端增加。

三是要求人民币升值的国际压力增大。2005年人民币汇率制度改革坚持从自身因素出发，但随着我国经济实力的不断提高和对外经济的加速发展，特别是贸易顺差持续扩大和外汇储备迅速积累，使得国际上要求人民币升值的呼声越来越高，人民币汇率问题也日趋政治化。日本是人民币升值争论的始作俑者，2002年日本把世界的通货紧缩归咎于中国输出廉价商品，认为人民币汇率低估导致了其资本的外流和国内产业空心化，甚至提出要通过与"广场协议"类似的文件，而对华贸易连年顺差的问题却只字不提。美国在人民币汇率之争中扮演了主要角色，不仅回避禁售高科技产品对美中贸易逆差的影响，而且将经常项目赤字归罪于人民币币值低估，2003年美国财长和美联储主席先后讲话，都分别呼吁人民币升值，而后美国"健全美元联盟"又提出"301条款"压迫人民币升值。

（三）2005 年汇率制度改革的主要内容①

第一，自 2005 年 7 月 21 日起，我国开始实行以市场供求为基础、参考一篮子货币进行调节、有管理的浮动汇率制度。人民币汇率不再盯住单一美元，形成更富有弹性的人民币汇率机制。这里的"一篮子货币"，是指按照我国对外经济发展的实际情况，选择若干种主要货币，赋予相应的权重，组成一个货币篮子。同时，根据国内外经济金融形势，以市场供求为基础，参考一篮子货币计算人民币多边汇率指数的变化，对人民币汇率进行管理和调节，维护人民币汇率在合理均衡水平上的基本稳定。篮子内的货币构成，将综合考虑在我国对外贸易、外债、外商直接投资等外经贸活动占较大比重的主要国家、地区及其货币。参考一篮子表明外币之间的汇率变化会影响人民币汇率，但参考一篮子货币不等于盯住一篮子货币，它还需要将市场供求关系作为另一重要依据，据此形成有管理的浮动汇率。这将有利于增加汇率弹性，抑制单边投机。

第二，中国人民银行于每个工作日闭市后公布当日银行间外汇市场美元等交易货币对人民币汇率的收盘价，作为下一个工作日该货币对人民币交易的中间价格。2005 年 7 月 21 日 19:00 时，美元对人民币交易价格调整为 1 美元兑 8.11 元人民币，作为次日银行间外汇市场上外汇指定银行之间交易的中间价，外汇指定银行可自此时起调整对客户的挂牌汇价。

第三，每日银行间外汇市场美元对人民币的交易价在人民银行公布的美元交易中间价上下 0.3% 的幅度内浮动，非美元货币对人民币的交易价在人民银行公布的该货币交易中间价 3% 的幅度内浮动。

---

① 根据中国人民银行公告［2005］第 16 号《中国人民银行关于完善人民币汇率形成机制改革的公告》。

中国人民银行将根据市场发育状况和经济金融形势，适时调整汇率浮动区间。同时，中国人民银行负责根据国内外经济金融形势，以市场供求为基础，参考一篮子货币汇率变动，对人民币汇率进行管理和调节，维护人民币汇率的正常浮动，保持人民币汇率在合理、均衡水平上的基本稳定。

2005 年的人民币汇率制度改革主要有两个特点。一是人民币对美元汇率当日升值 2%。这一调整幅度主要是根据我国贸易顺差程度和结构调整的需要来确定的，同时也考虑了国内企业进行结构调整的适应能力。二是实行更富有弹性和灵活性的有管理的浮动汇率制度。这次人民币汇率形成机制改革的核心是由盯住美元变为参考一篮子货币国家根据国内外经济金融形势，以市场供求为基础，参考一篮子货币计算人民币多边汇率指数的变化，对人民币汇率进行管理和调节。外币之间的汇率变动会影响人民币汇率，同时市场供求关系也是汇率形成的又一重要依据。

（四）人民币的渐进升值及其对国内经济的影响

1. 人民币汇率的渐进升值过程

汇改当日，美元对人民币交易价格调整为 1 美元兑 8.11 元人民币，人民币汇率开始了渐进升值之路。2006 年 1 月 4 日人民币汇率中间价以 8.0702 起步，人民币汇率经历了从缓步上行到快跑，再到"加速跑"的过程；按照 12 月 29 日的汇率中间价 7.8087 计算，人民币在这一年中升值了 2615 个基点。2007 年 1 月 11 日人民币对美元 7.80 关口告破，同时超过港币币值；2008 年 4 月 10 日人民币中间价突破 7.0 大关。此后，随着全球金融危机的爆发，为避免竞相贬值，我国再次采取了负责任大国的做法，坚持不以邻为壑，维持汇率的稳定，至 2010 年上半年，人民币兑美元汇率基本维持在 6.83

左右。

与人民币兑美元汇率单调升值的态势相比，人民币实际和名义有效汇率的波动更为明显。2005 年 7 月，人民币实际和名义有效汇率均升值了 1.8%，这一过程一直延续到当年 11 月，此后在 2005 年 12 月至 2006 年 1 月以及 2006 年 3 月至 2006 年 7 月经历了两轮贬值，2006 年 7 月人民币实际和名义有效汇率基本和 2005 年 7 月的水平持平。此后人民币实际和名义有效汇率开始了震荡升值的过程，一直延续到 2008 年上半年。2008 年 6 月的人民币实际和有效汇率相对于 2005 年 7 月分别升值了 12.4% 和 9.1%。

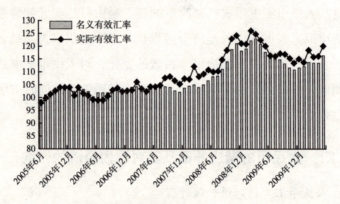

图 2—3　2005 年 6 月以来我国的名义和实际有效汇率（2000 ＝ 100）

资料来源：国际清算银行（BIS）。

2. 人民币升值对国内经济的影响

2005 年汇改以后，人民币汇率的调整遵循"主动性、渐进性、可控性"的原则，总体上有利于我国经济的健康发展。渐进升值在一定程度上缓解了国际收支的进一步失衡，减轻了货币投放压力；人民币汇率形成机制的更趋市场化及币值向合理均衡水平的回归，促进了我国经济更好地融入经济全球化进程。

2005 年、2006 年和 2007 年我国的 GDP 增速分别为 10.4%、

11.6% 和 13.0%，出口增速分别为 28.4%、27.2% 和 25.7%，外贸顺差分别达到 1020 亿美元、1774.8 亿美元和 2618.3 亿美元，外商直接投资分别达到 603.3 亿美元、630.2 亿美元和 747.7 亿美元。这三年我国外贸顺差持续扩大，出口继续高速增长，但是这并不等于人民币汇率升值没有发挥作用。一是外贸实践和大量研究均表明，外需是我国出口的决定力量。根据研究测算，我国出口的 80% 是由外需决定的，汇率、出口退税等影响相对价格的因素能决定 20% 左右的出口，外需的高涨抵消了汇率升值对出口的负面影响，但是"看不到并不意味着没有"，如果人民币不升值，出口的增速必将更快，甚至有可能超过 30%。二是渐进的调整方法使得汇率升值对国内经济的负面影响逐步释放，外贸企业获得调整生产经营的时间，加之进入新世纪以来我国经济持续快速发展，消化货币升值的能力总体增强。因此，经济增长和外贸出口并未受到显著负面影响。三是我国外贸是"大进大出"的结构，加工贸易比重大、进口和出口关联度高，升值后进口原材料价格的下降，也部分抵消了升值对出口的不利影响。

通过分析人民币在 2005—2007 年的渐进升值可以得到以下两点结论：一是升值时机宜选择在国内经济增长和外需形势较好时，这样能在出口不塌方的情况下防止国际收支进一步失衡；二是坚持渐进升值的策略，币值逐步向合理均衡水平过渡，促使货币升值对国内经济的不利影响逐步释放。

（五）国际金融危机爆发后实行的特殊人民币汇率政策

1. 国际金融危机对我国经济发展造成严重负面影响

2008 年 9 月，以雷曼兄弟公司破产为标志，由美国房地产市场调整引发的次级住房抵押贷款危机最终演变为战后最严重的国际金融危机，大批金融机构破产倒闭，各类金融资产价格暴跌，发达国家金融体系遭受重创，资产证券化市场和信贷市场处于冻结状态，金融市场流动性紧缺，对实体经济部门的各类贷款急剧萎缩。美、欧、日等发达经济体虽然采取了大量注入流动性、连续大幅降息、对大型金融机构进行大规模注资等金融救援措施，避免了金融体系的全面崩溃，但金融机构的资产负债状况仍在恶化，面临巨大的"去杠杆化"压力，金融体系的信贷融资功能仍未恢复，国际金融市场动荡不定。

金融危机导致信贷紧缩、家庭财富大幅缩水、消费者和企业信心降至历史低点，全球经济活动显著放慢。受金融危机影响，2008年第4季度，全球工业生产降幅高达15%—20%，商品出口大幅下降了30%—40%，世界生产总值下降了6.3%；发达国家经济下降7.5%。受外需缩减等因素影响，我国外贸出口增速从2008年前3个季度的20%以上迅速滑落至第4季度的4.4%，2009年第1季度更是大幅下降19.7%，第2季度继续下降23.4%。受出口持续下降和国内需求减弱等因素影响，工业生产增速大幅回落，从2008年前3个季度的13%以上大幅滑落至第4季度的6.4%和2009年第1季度的5.3%，第2季度回升到9.1%；经济增长也从2008年前3季度的9%以上降至第4季度的6.8%和2009年第1季度的6.1%，第2季度回升至7.9%。

面对严峻的形势，我国及时出台了一篮子刺激经济方案，实施了"四万亿"的投资计划，出台了十大产业振兴规划，采取了上调出口退税率、维持人民币汇率稳定和调整加工贸易禁止类和限制类目录等一系列"保出口"措施。在各项政策作用下，2009年下半年我国经济形势逐步好转，当年国内生产总值增长8.7%，当年12月出口同比增长17.7%，结束了自2008年11月开始的连续同比少增。

2010 年以来，我国经济形势继续好转，第 1 季度国民生产总值同比增长 11.9%，外贸进出口总额同比增长 44.1%，其中，出口同比增长 28.7%，进口同比增长 64.6%。

2. 金融危机爆发后人民币有效汇率剧烈波动

2005 年汇改后至国际金融危机爆发，人民币有效汇率升值的原因，既包括人民币兑美元汇率升值，也包括美元汇率自身调整。金融危机爆发后，由于我国事实上采取了盯住美元的政策，人民币有效汇率变动主要受美元汇率影响。2008 年下半年随着国际金融危机的爆发，美元的避险功能凸显，对其他货币明显升值，人民币实际和名义有效汇率升值幅度陡然加大，2008 年 11 月相对于 6 月人民币实际和名义有效汇率分别升值了 12.9% 和 12.0%，半年内实际有效汇率升值幅度与汇改后三年内的升值幅度相仿，名义有效汇率升值幅度更大，凸显了金融危机短期内对人民币汇率的巨大影响。

至 2009 年 2 月，人民币实际和名义有效汇率均达到阶段性高位，相对于 2005 年汇率改革后分别升值了 26.6% 和 20.9%。此后，人民币实际和名义有效汇率开始震荡下行，2009 年 11 月达到金融危机爆发后的最低点，相对于 2008 年 6 月分别升值了 3.0% 和 2.6%，而相对于当年 2 月的最高点则分别贬值了 10.1% 和 9.1%。进入 2010 年，虽然世界经济开始走向复苏，但是金融危机的后续影响依然存在，随着欧洲多个国家爆发主权债务危机，美元避险功能再次凸显，对欧元大幅度升值，并带动人民币实际和名义有效汇率大幅升值，至 2010 年 5 月，分别相对于年初升值了 5.5% 和 3.6%。

3. 特殊汇率政策的利弊得失

与 1997 年的亚洲金融危机类似，此次金融危机爆发后，我国主动收窄了人民币汇率波动区间，这是金融危机没有蔓延到国际外汇市场的重要原因，是我国对全球应对金融危机的贡献。在国际金融市场形势动荡的情况下，美元的避险功能凸显，相对于其他主要货币明显升值。稳定人民币和美元的关系，对各方都是一个很强的暗示，避免了全球竞相贬值局面的出现，降低了金融危机波及全球外汇市场的风险。从实体经济层面看，2009 年上半年，多种货币对美元都曾显著贬值，其中，不乏与我国存在明显出口竞争关系国家的货币。人民币对美元汇率保持稳定，结果是这些国家货币对人民币的贬值。这实际上增强了有关国家出口商品相对于中国出口商品的竞争力。

表 2—1　金融危机期间一些货币对美元的贬值情况

时间段	币种	贬值情况	贬值幅度
2009 年 1 月至 2009 年 3 月	欧 元	1 欧元兑 1.396 美元降至 1.274 美元	8.74%
2009 年 1 月至 2009 年 5 月	日 元	1 日元兑 0.0111 美元降至 0.0103 美元	6.21%
2009 年 1 月至 2009 年 3 月	马来西亚林吉特	1 林吉特兑 0.287 美元降至 0.273 美元	4.88%
2008 年 5 月至 2009 年 4 月	印度卢比	1 卢比兑 0.025 美元降至 0.020 美元	20.0%
2008 年 8 月至 2009 年 3 月	俄罗斯卢布	1 卢布兑 0.043 美元降至 0.028 美元	34.88%
2008 年 5 月至 2009 年 3 月	泰国铢	1 铢兑 0.032 美元降至 0.028 美元	12.50%

资料来源：中国人民银行网站。

对于我国而言，金融危机全面爆发后，世界主要经济体特别是发达国家经济相继陷入衰退，我国外需迅速萎缩。同时，由前文分析可以看出，自 2008 年下半年至 2010 年上半年，人民币实际和名义有效汇率剧烈波动。这就意味着我国外贸企业既要面对疲弱的外需形势，又要解决由其他货币波动带来的收汇问题。在这种情况下，由于我国企业普遍缺乏使用金融工具规避汇率波动风险的经验，外汇市场也没有足够的深度和广度，稳定人民币兑美元汇率，就稳定了企业的汇率预期，至少减少了一个外贸企业经营面临的不确定因素，是对"保出口"作出的贡献。"参考一篮子"的汇率制度起到了积极作用,"参考"不是"盯住",当"参考"时则参考,不当"参考"时,特别是对于非常规情况,比如出现经济危机,则可采取应急措施。

随着金融危机的逐步平复,美欧等发达国家再度在人民币汇率问题上向我国施压,同时采取各种形式的贸易保护主义措施,试图抑制我国出口增长。在人民币汇率问题上,要坚持按照主动性、渐进性和可控性原则,继续改革和完善人民币汇率形成机制,保持人民币汇率在合理均衡水平上的基本稳定,决不能屈从外部压力而大幅升值,从而影响我国的出口以及经济增长和就业增加。从长期看,也要正视人民币汇率偏离均衡水平对经济发展的不利影响,变外在压力为内部调整动力,采取必要的政策措施,实行进出口更加平衡的贸易发展战略,完善人民币汇率形成机制,避免应急性措施长期化。

(六)汇率制度仍需要进一步完善

总的来看,2005 年至今的汇改过程较为平稳,市场供求因素开始在人民币汇率形成中发挥作用,汇率弹性不断增强,升值压力得以部分释放。汇改未对实体经济运行造成直接负面影响,没有出现 1985 年"广场协议"后日元一次性大幅升值给日本经济带来的类似后果。但持续 5 年的汇率形成机制改革,在市场化方面仍处在初级阶段,在国际货币基金组织(IMF)关于各国汇率制度和汇率限制的年度最新报告中,仍将人民币汇率制度归类为"爬行盯住安排"(Crawling)。

一是市场定价功能不健全。无论是从深度还是从广度看,我国外汇交易中心的发展都处在初级阶段。外汇交易中心市场准入门槛较高,银行会员作为做市商的代表性明显不足。中心的产品链条不完整，远期、掉期业务发展有限，外汇期货、期权、结构性衍生产品业务基本是空白，与利率产品市场缺乏配套。

二是参考一篮子货币调节有"汇率黑箱"之嫌。人民银行没有正式公布过一篮子货币的内容，没有披露过关于货币权重设定的详细信息；也没有明确指出何谓"合理均衡"的汇率水平、何谓"基本稳定"。从某种程度上讲，所谓参照一篮子货币调节更像是"黑箱"，人们只能看到输出的结果，中间过程不透明。

三是"有管理"、但"浮动"明显不足。对美元名义汇率水平控制是"有管理的浮动汇率制度"的核心环节。中间价缺乏代表性，意愿结售汇安排、外汇头寸管理以及管理部门对做市商的无形约束，在很大程度上抑制了外汇市场交易的活跃程度。外汇交易中心交易清淡，单日波动幅度经常显著小于管理当局给出的涨跌上下限。

第三章
人民币汇率的国际政治经济博弈

随着经济全球化加速及我国开放程度不断提高，人民币汇率对我国经济内外均衡的重要性日渐增强。国际社会对人民币汇率问题的关注也不断上升，一些研究机构对人民币汇率与全球失衡之间的关系、人民币汇率与有关国家贸易逆差之间的关系，开展了广泛研究。1997年亚洲金融危机期间，有关国家曾经一度担心人民币贬值，引起新一轮区域货币贬值浪潮。中国坚持人民币汇率稳定政策得到国际社会广泛一致的好评。但此后不久，美国某些国会议员就开始指责中国操纵人民币汇率。2005年7月，人民币开始新一轮汇率形成机制改革后，强压人民币升值的声浪有所平息。金融危机爆发后，有关国家作为国际金融危机的"纵火者"自顾不暇，一度放弃在汇率问题上施压。但在当前的后金融危机时代，美国政府及学界旧事重提。美国部分参议员更是提出将中国列入汇率操纵国的强烈要求，人民币汇率成为中美关系的重要议题。中美双方对此密集沟通对话，2010年5月举行的第二轮中美战略与经济对话期间，美国财长盖特纳表示，美方尊重中国关于汇率制度的自主权，人民币汇率问题趋于缓和。然而，未来美国经济增长仍然面临较大不确定性，人民币汇率还可能再次成为转嫁美国国内矛盾的落脚点，汇率问题已经由单纯经济问题演化为政治问题，在此情况下，分析围绕人民币汇率的国际政治经济博弈，具有重要的现实意义。

一 人民币汇率问题的由来：由担心贬值到压迫升值的变化

1998 年亚洲金融危机期间，中国周边经济体货币大幅贬值，中国出口商品的价格竞争力显著下降。中国国内出口部门承受巨大压力，出现了一些支持人民币顺势贬值的声音。国际社会尤其是周边经济体也普遍担心人民币贬值，引起新一轮区域货币贬值浪潮。中国政府审时度势，毅然决定坚持人民币汇率不贬值，对于区域经济、货币稳定，发挥了中流砥柱的作用，得到世界各国的普遍认可。

然而，时过三年，人民币汇率稳定政策就遭受质疑。2001 年 8 月 7 日，英国《金融时报》刊登名为"中国的廉价货币"的文章，拉开人民币低估论的序幕。时任摩根斯坦利首席经济学家的斯蒂芬·罗奇在 2002 年 10 月发表"全球：中国因素"，文中指出，中国以出口为导向的强劲经济增长，已成为引起全球通货紧缩的一个重要因素。此言一出，举世哗然。虽然罗奇很快纠正了自己的看法，但在世界上却有越来越多的学者著文，认为中国向他们的国家输出了通货紧缩。2003 年 2 月，日本财相盐川在八国集团（G8）财长会议上提交了一项迫使人民币汇率升值的议案。虽然这一议案最终流产，但却由此引起了国际上的广泛关注，使人民币汇率问题开始从民间上升到官方，从经济走向政治，从学术之争变为政治斗争。

2003 年 7 月 16 日，美国参议员舒默就人民币汇率问题发表看法，认为：中国有意保持人民币的低汇率，使其出口更便宜，让美国特别是纽约州的制造业失去了众多工作机会；人民币低估相当于中国产品在国际市场上得到大量的补贴；中国巨额外汇储备可能导致美元汇率的不稳。2003 年 9 月，美国掀起一股要求中国实行浮动汇率制的高潮。参议员舒默顺势在参议院组成两党联合集团，共同提出"舒默议案"，其核心内容是"中国如果不在 6 个月内调整人民币汇率，美国将对所有进口的中国商品加征 27.5% 的惩罚性关税"。这个编号为 S295 的议案所包含的内容，是华盛顿在人民币汇率上最为强硬的表态。

　　总体来说，2001 年以来，国际社会关于人民币汇率的观点大致可以归为三类。一是主张人民币应该盯住美元并保持稳定，持这一观点的代表人物是诺贝尔奖得主蒙代尔、著名经济学家麦金农和克鲁格曼等。他们认为，美国经济问题的主要原因是泡沫经济的破裂、伊战和反恐军费开支增加以及减税政策造成的巨额财政赤字，不应当只归咎于人民币对美元的汇率。美国应该反省自己的国内政策，而不是一味地指责中国。二是认为人民币被严重低估，应该尽快升值以避免不利影响，人民币升值不仅是美国经济的一剂良药，也有利于中国经济，可使中国避免重蹈日本泡沫经济的覆辙，勿犯所谓汇率调整进程太迟和幅度太小的错误。三是强调估计均衡汇率的困难性和汇率形成机制的重要性。即人民币是否低估难以衡量，中国不应当过分关注人民币的升值或贬值，而应该努力改革人民币汇率制度。

　　2005 年 7 月 21 日，中国人民银行发布公告，开始实行"以市场供求为基础、参考一篮子货币进行调节、有管理的浮动汇率制度"。人民币汇率不再盯住单一美元，而是按照我国对外经济发展的实际情况，选择若干种主要货币，赋予相应的权重，组成一个货币篮子。同时，根据国内外经济金融形势，以市场供求为基础，参考一篮子货币计算人民币多边汇率指数的变化，对人民币汇率进行管理和调节，维护人民币汇率在合理均衡水平上的基本稳定。参考一篮子表明外币之间的汇率变化会影响人民币汇率，但参考一篮子不等于盯住一篮子货币，它还需要将市场供求关系作为另一重要依据，据此形成有管理的浮动汇率。

应该说，此次汇率形成机制改革的政策方向是明确的，实施步骤安排方面是稳妥的。市场供求因素开始在人民币汇率形成中发挥作用，汇率弹性不断增强，升值压力得以部分释放。汇改未对实体经济运行造成直接负面影响，中国没有出现1985年"广场协议"后日元一次性大幅升值给日本经济带来的类似后果。但持续5年的汇率形成机制改革，在市场化方面仍处在初级阶段，在国际货币基金组织（IMF）关于各国汇率制度和汇率限制的年度最新报告中，仍将人民币汇率制度归类为"爬行盯住安排"（Crawling）。总的看，此次改革后，汇率形成机制仍存在三方面问题。一是市场定价功能不健全。无论是从深度还是从广度看，我国外汇交易中心的发展都处在初级阶段。外汇交易中心市场准入门槛较高，银行会员作为做市商的代表性明显不足。中心的产品链条不完整，远期、掉期业务发展有限，外汇期货、期权、结构性衍生产品业务基本是空白，与利率产品市场缺乏配套。二是参考一篮子货币调节有"汇率黑箱"之嫌。人民银行没有正式公布过一篮子货币的内容，没有披露过关于货币权重设定的详细信息①；也没有明确指出何谓"合理均衡"的汇率水平、何谓"基本稳定"。从某种程度上讲，所谓参照一篮子货币调

---

① 2005年8月，人民银行负责人曾经表示，人民币是"综合考虑在我国对外贸易、外债（如付息）、外商直接投资（如分红）等外经贸活动中占较大比重的主要国家、地区的货币，组成一个货币篮子，并分别赋予其在篮子中相应的权重"。美元、欧元、日元、韩元等是主要的篮子货币，新加坡、英国、马来西亚、俄罗斯、澳大利亚、泰国、加拿大等与我国贸易比重较高国家货币可能也在篮中。

节更像是"黑箱",人们只能看到输出的结果,对中间过程缺乏了解。三是"有管理"、但"浮动"明显不足。对美元名义汇率水平控制是"有管理的浮动汇率制度"的核心环节。中间价缺乏代表性①,意愿结售汇安排、外汇头寸管理以及管理部门对做市商的无形约束,在很大程度上抑制了外汇市场交易的活跃程度。外汇交易中心交易清淡,单日波动幅度经常显著小于管理当局给出的涨跌上下限。正是人民币汇率形成机制在改革中存在的问题,使得美方有借口借此发难。

从2005年汇改到2008年7月,人民币对美元累计渐进升值达22%。2008年7月以后,随着世界性金融危机恶化,人民币汇率实际上又重新回到盯住美元,这是特殊时期采取的特殊政策。自2009年下半年起,国外贸易保护主义压力纷至沓来。G20匹兹堡峰会、G7意大利峰会上,屡屡有人提出人民币汇率低估的观点。2010年3月,人民币汇率争论达到高潮。美国一些国会议员和研究机构认为,人民币币值严重低估,低估的幅度达20%到40%;人民币币值低估是美国贸易赤字扩大和就业形势恶化的根源。

2008年诺贝尔经济学奖得主克鲁格曼,是此番人民币升值论的主要鼓吹者。他声称,由于人民币被低估,美国损失了140万个工作岗位。因此,他支持针对中国采取贸易保护措施。面对外部升值施压,我国学界纷纷发表言论,认为将美国国际收支失衡归咎于人民币汇率的做法缺乏客观的依据,中国和美国存在较大的经济结构差异,人民币汇率对美国国际收支平衡作用不大。同时,人民币汇率升值也难以解决我国的国际收支平衡问题。

2010年3月,在美国首都华盛顿国会举行的记者会上,美国国

---

① 中间价的形成过程是:交易中心每日开盘前向所有银行间外汇市场做市商询价,去掉最高价和最低价,按照外汇交易中心赋予的权重对所有报价加权平均得出。

会参议员查尔斯·舒默就人民币汇率发表讲话，试图迫使美国政府将中国界定为所谓的"汇率操纵国"。舒默公布升级版"舒默议案"，并启动立法程序，再度就人民币汇率问题向中国施压。130 多名美国国会议员呼吁奥巴马政府把中国列为汇率操纵国。由纽约州民主党参议员舒默和包括他的老搭档、共和党参议员林赛格·雷厄姆在内的 14 名两党参议员联署推出"2010 年汇率监管改革议案"，要求美国财政部每年两次向国会递交一份汇率监管报告。该报告需要提供一份"依据客观标准确认的，存在根本性汇率偏差的货币"名单，并从中选出那些"汇率偏差由相关国家政策导致"的货币，另列一份名单。议案要求美国行政当局对第二份名单上的货币采取"优先行动"。我国政府也发出强力回应，温家宝总理在 2010 年"两会"期间高调表态：人民币汇率未被低估，人民币升值不能解决美国贸易逆差的问题，更不能解决美国高失业率的问题。商务部等有关部委牵头行业协会进行人民币升值压力测试，证实出口企业难以承受人民币升值成本。

专栏 3 –1 "舒默议案"历程（2001—2010）

2003 年 7 月 16 日，舒默第一次提出人民币汇率问题。认为中国有意保持人民币的低汇率，使其出口更便宜，让美国，特别是纽约州的制造业失去了众多工作机会。

2003 年 7 月 17 日，舒默和另外三位参议员伊丽莎白·多尔、伊万巴伊、林德塞·格雷厄姆联名给美国财政部长斯诺写信，要求调查中国汇率问题。

2003 年 7 月 31 日，舒默联合众议员 Manzullo 领导跨党派小组敦促总统采取直接行动迫使中国人民币自由浮动。

2003 年 8 月，舒默和 Dole、Snowe、Lieberman 组成跨党派

小组要求财政部长在访问北京时，在中国汇率问题上立场强硬，迫使中国浮动币值，并将之列为最优先谈判重点。

2003 年 9 月 9 日，舒默联合 Bunning、Graham、Dole、Durbin、Bayh 组成跨党派的小组，在中国拒绝立即浮动汇率后，提交了新议案 S.1586，要求对中国进口产品征收入境关税来抵消其通过低估币值而获得的不公平优势。

2003 年 9 月 25 日，舒默在美中经济安全委员会作证。

2003 年 9 月，美国要求中国实现人民币兑美元自由浮动遭拒后，舒默就提出议案："中国如果不在 6 个月内调整人民币汇率，美国将对所有进口的中国商品加征 27.5% 的惩罚性关税。"这个编号为 S295 的议案从此被当作美国对华强硬姿态的一大象征。

2004 年 1 月，舒默领导的跨党派议员小组要求副总统切尼在达沃斯世界经济论坛上迫使中国采取浮动汇率，并使其成为论坛的最优先考虑议题。

2004 年 3 月，舒默和 Graham、Durbin、Vionovich 联名给布什总统写信，要求对中国操纵汇率一事采取行动。

2005 年 3 月，舒默和 Graham、Bunning、Durbin、Reid、Kohl、Dole 等向参议院提交了跨党派议案 S295，并提交给了参议院财政委员会。要求一旦于中国关于低估汇率的谈判失败，就采取适当行动。

2005 年 4 月初，为了增加法案通过的胜算，格雷厄姆将其作为一项外交法案的附加法案提出。在当月的表决中，参议院以 67 对 33 的压倒性多数决定不搁置"舒默议案"，引起了白宫震动。此后，这项原本以舒默名字命名的议案改名为"舒默—格雷厄姆议案"。

2005 年 6 月 30 日，舒默和 Graham 在与美国商务部长和联邦储备委员会主席会谈后，同意推迟表决他们发起的议案。

2005 年 7 月，人民币汇率调整，舒默表示欢迎。

2007 年 3 月，为中美战略经济对话造势，舒默推改良中国汇率议案。

2007 年 6 月，舒默和格雷厄姆又与参议院金融委员会主席鲍克斯以及共和党参议员格拉斯利一道推出了一份针对人民币汇率的新议案，并很快在参院获得通过。

2010 年 3 月，在美国首都华盛顿国会山举行的记者会上，舒默就人民币汇率讲话，试图迫使美国政府将中国界定为所谓的"汇率操纵国"。舒默公布升级版"舒默议案"，并启动立法程序，再度就人民币汇率问题向中国施压。

二　美国现实经济困难需要人民币成为替罪羊

包括诺贝尔经济学奖获得者斯蒂格利茨在内的许多学者普遍认为，美国经济问题的根源在于其自身经济结构问题。国内北京大学国家发展研究院等机构的许多学者也持类似观点。

首先，美国消费与投资失衡，本质是投资乏力。事实表明，在相对开放的经济全球化环境中，在世界技术—产业前沿革命相对沉寂，而新兴经济体生产率革命快速推进阶段，给定国际工资、汇率和其他要素相对价格体系，美国企业难以在国内发现足够数量并与开放环境兼容的投资机会。美国这样处于全球技术前沿的国家，面临尖锐挑战。这种情况下，要勉强追求高增长，势必就要靠刺激消费，导致消费过度增长。缺少足够投资，生产性资本存量增长乏力，必然影响长期增长可持续性。危机前一段时期，美国经济增长结构已突出表现出固定资产投资乏力问题，目前经济复苏仍面临这个问题挑战。

结合长期总需求增长结构数据，观察美国危机前一段时期面临投资增长乏力问题。图3—1给出了美国过去60年长期平均以及不同阶段总需求增长构成。数据显示，消费增长对整个时期总需求增长贡献率平均为79.5%，投资增长对总需求增长的贡献率平均为22%。20世纪90年代投资贡献率高达34%，也是当代美国经济综合表现最佳时期。然而进入新世纪后，美国总需求增长结构发生显著变化。2001—2009年，美国消费增长对总需求增长贡献率为112%，投资贡献率为–17%，说明美国经济在近十年时期投资总体呈现疲软衰减状态，从总需求角度看经济增长过度依赖消费推动。

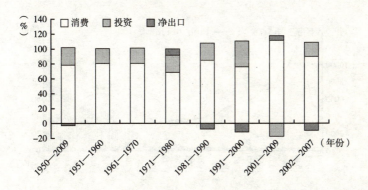

图3—1 1950—2009年美国总需求构成

资料来源：根据美国经济分析局（BEA）数据整理。

其次，日趋沉重的财政和债务负担，是横亘在美国经济再创持久景气增长的又一巨大障碍。美国长期巨额财政赤字累积而成沉重债务负担，在危机前就引起美国朝野有识之士高度关注，是否应当把控制财政窟窿作为政策优先目标引发激烈争论。这次金融危机救助和经济深度衰退，导致美国本来就很严重的财政赤字和债务负担雪上加霜。图 3—2 显示，2009 年，美国财政赤字达到 1.42 万亿美元的天文数字，占 GDP 比率高达 9.9%，双双打破二战后历史纪录。

图 3—2　1950—2009 年美国财政盈余及其占 GDP 比重

资料来源：根据美国经济分析局（BEA）数据整理。

图 3—3　1940—2009 年美国国债走势

资料来源：根据美国财政部数据整理。

美国联邦政府债务率水平的变化，进一步揭示了美国目前债务问题的严重性。根据美国白宫 2010 年 2 月公布的 2011 年度财政预算数据，2010 年美国财政赤字占 GDP 比重达到 10.6%，债务率将达到 94%。债务率比 20 世纪经济大萧条后 40% 左右债务率超过一倍，仅次于二战后的 121% 峰值水平。进一步考虑到庞大的美国地方政府债务规模，整个政府系统的负债水平非常之高。

第三，企业外包导致美国经济空心化。外包主要是指美国等西方国家办公室白领工作机会的转移。美国转至发展中国家的工作机会，开始是制造业，后来伴随着技术转移，然后是软件设计的转移，现在连售后服务、电话中心都转至发展中国家。有关资料认为在印度设立电话中心，再服务美国本土，人工成本低于位于美国电话中心的90%。如果不是美国劳动力的成本太高，或者印度或中国这样的发展中国家工资成本那么低廉，以至于美国企业有巨大的利润空间的话，他们能做这样的重大转移吗？

崇尚自由经济的美国人已经开始考虑以行政手段阻止工作机会流失的加剧。但是，在利润问题上，企业是不会拘泥于政府的行政规定的。实际上在美国，针对企业的政府行政规定要比西欧少得多，企业遵循市场的规律，资本追逐着利润，政府更多地扮演着一个服务者的角色。在美国企业界有一句话，"如果不能打败他们，就加入他们的行列"。许多美国企业在抵挡不住来自中国产品的竞争之后，转而加入了中国产品的行列，成了他们的代理者，许多企业开始外包的尝试。因而，国际贸易的分工及产业结构的变化，促使美国经济增长不能同时吸收同比例的新增就业水平。

目前环境下，美国经济政策面临的选择无外乎三种：一种是承担中短期代价、谋求长期获益的结构调整战略选择；另一种是追求短期解决问题、回避长期深层调整必要性的功利主义战略；第三种是短期刺激与长期调整的政策组合，既着眼于未来经济稳步增长，也服务于现阶段经济复苏回升。美国当前背景下刺激经济回升的政策，属于短期政策选择。在奥巴马政府的经济刺激方案中也涉及新能源等涉及长期经济增长的内容，但众所周知，这一领域仍存在关键性技术制约；在技术路线方面尚存在重大争论，远水解不了近渴。

目前短期超常规财政刺激政策与超宽松货币，对遏制金融危机导致的经济衰退不可或缺，但这种短期政策必将加剧财政负担、增加通货膨胀压力。当经济危机最为困难的时期结束之后，当局必须考虑超常规宏观政策的退出问题。这意味着，美国必须接受比潜在供给增长率或者较此前时期较低的实际经济增长率，以经济的适度紧缩来逐步换取资产负债表的平衡，必须接受名义工资的灵活调整及较高失业率，必须接受温和通货紧缩压力。而代议制政治结构恰恰难以承受低增长、高失业、负通胀等结构调整带来的阵痛。

这一背景下，人民币汇率问题正好成为替罪羊。从历史上看，美国经济有病，要其他国家吃药的事例并不少见。20 世纪 60 年代末至 70 年代，美国持续贸易逆差，越南战争更是促使其雪上加霜。然而，日本和德国都经历了持续的贸易顺差，尤其是对美国出口急剧上升。在此背景下，美国政府对他国汇率施加压力，1971 年美国尼克松政府的"新经济政策"，以及同年西方十国达成的《史密森协定》，对日元和德国马克的汇率升值均产生了推动作用。1969 年至 1978 年，德国马克和日元对美元升值的幅度，累计分别达到 49% 和 42%。1985 年 9 月，美国主导西方五国达成了联合干预外汇市场的"广场协议"，协议规定：日元与马克应大幅对美元升值。从 1985 年 9 月至 1989 年 12 月，两者分别对美元升值 46% 和 42%。

然而，经验表明，他国货币升值对美国的贸易赤字并没有太大帮助。"广场协议"以后，日本对外收支盈余的扩大之势并未减弱。1985 年、1988 年和 1992 年，贸易顺差分别达 461.0 亿、775.6 亿和 1066.3 亿美元；同期，经常收支盈余分别为 491.7 亿、796.3 亿和 1175.5 亿美元。美国的贸易赤字在 1985 年至 1987 年还出现不断扩大的现象。

具体到人民币升值问题上，结果也是一样。2005 年至 2008 年，人民币兑美元汇率升值了 21%，但中国贸易顺差不降反升，对美贸易顺差年均增长 20.8%。2009 年以来人民币兑美元汇率保持稳定，中国贸易顺差反倒下降 34.2%，对美贸易顺差下降 16.1%。

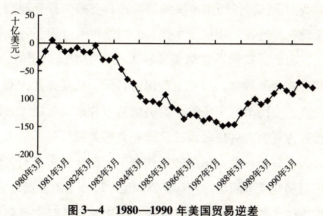

图 3—4 1980—1990 年美国贸易逆差

资料来源：根据美国商务部数据整理。

事实上，中国和美国在国际产业链上的互补远多于竞争。2000 年以来，美国为走出"IT 泡沫"、"9·11"冲击、伊拉克战争的阴霾，长期实行低利率政策。而汇率和低成本两个因素共同决定的中国大量低价商品对美出口，压低了美国通胀压力，使得美国在流动性过剩的情况下，能够维持低物价水平。倒是美国自愿放弃了其对中国出口的比较优势。自 20 世纪八九十年代以来，美国开始实施对华高科技产品的出口限制。2001 年至 2008 年期间，美对华出口高科技产品占中国同类产品进口总额的比重，从 18.3% 降至 6.3%。中国目前正处于新型工业化发展时期，需要进口大量高新技术产品和相关技术。按照目前中国的进口规模，如果美对华出口高科技产品占中国同类产品进口总额的比重，能够恢复到 2001 年的 18.3% 水平，美国可以对中国多出口近 700 亿美元。进一步考虑到高科技产品上下游关联出口，增长前景更为可观。

三 人民币汇率问题政治化的原因

虽然我们承认，任何国家决策当局都具有减少自身调整责任的机会主义动机。但我们相信民主体制，相信决策过程公开能够带来互利共赢，因此，我们不相信美国在人民币汇率问题上存在阴谋，或者是某种复杂的战略。历史上美国对日元、马克如此，眼下对人民币也一样。人民币汇率争端作为美国的对外政策问题，其决策的政治过程极为复杂。对华政策比美国外交事务的任何其他方面都更深地卷入国内政治。在美国的政治体制下，存在众多的行为者，他们都试图对相互竞争的目标进行妥协。民主政体下的各派政治力量、各类民间团体、各种官方半官方机构，都认为自己有义务就中国问题指手画脚。国会所拥有的权力与其自身的性质、结构之间存在着本质性的冲突。正如美国政治学研究者所指出，国会不是酝酿具体政策的地方，而是各种政治因素的角逐场。作为"决策者与大众之间的桥梁"，国会"受限于眼光短浅而知识不多的大众情绪"。议员本人往往也并不想发挥领导作用，他们更愿意在不承担任何具体责任的情况下，对外交政策发出与白宫不同的声音，从而引起公众注意。国内外各派政治力量都可以围绕国会竞争出价，"购买"自己所需要的外交政策；国会实际上发挥了公开半公开的政策市场的作用。

在人民币汇率问题上，美国官学商各界的表态饶有趣味。先看学者方面。华盛顿智库彼得森国际经济研究所所长、一直呼吁对中国政府采取强硬立场的弗雷德·伯格斯登宣称，人民币兑美元汇率低估了40%，美国对中国的贸易制裁政策不能被认为是保护主义措施，而是"反保护主义"措施。他提出一个三管齐下的策略：首先，美国财政部要在年度汇率报告中将中国列为货币操纵国。其次，要求国际货币基金组织总裁与中国政府开展所谓的"特别协商"，以评估汇率失衡程度，并要求其进行调整。第三，依据世界贸易组织相关条款，向世贸组织提起诉讼。伯格斯登认为，中国不会迫于外部压力而调整汇率，但如果没有外部压力，中国就绝不会调整汇率，因而需要在政治上持续对人民币施压。保罗·克鲁格曼更是认为，中国这个"掠夺成性的重商主义者"存心不让人民币升值，要与中国打贸易战。麻省理工学院商学院教授约翰逊在美国国会关于中国持有美国国债的听证会上表示，不能因为中国持有美国国债，就停止施压人民币升值。

专栏 3-2　克鲁格曼和罗奇的争论

克鲁格曼发表专栏文章认为，美国因为人民币估值偏低而失去了 140 万至 150 万个工作岗位，如果中国取消管制人民币汇率，全球经济增长将比现在高出 1.5 个百分点。

对于克鲁格曼的论调，摩根士丹利亚洲区总裁斯蒂芬·罗奇毫不客气地说，应该给克鲁格曼当头一棒。"他的建议是完全错误的。我们总指责中国，而不管好我们自己的事。"他认为，贸易差距是否源于人民币汇率非常值得商榷，鼓励中国消费者进行消费是更加有效的办法。罗奇还对人民币被严重低估的观点予以强烈反驳，人民币升值是"非常糟糕的"建议。

克鲁格曼对于罗奇的"炮轰"相当镇定。他称，自己关于人民币的言论是"基于非常周密的经济分析"，罗奇这样的说法多少令我感到有些意外。中国刻意低估人民币币值压制了全球经济发展。他建议，美国当局需要在汇率问题上对中国更具"攻击性"。

罗奇坚决反对这一观点。他指出，美国的贸易赤字关键在于储蓄不足，如果美国人继续无节制地消费，任何试图缩减中美贸易平衡的举措都不会收效，充其量只会将顺差转移到其他国家。世界需要的是转换储蓄结构。尽管中国拥有较大的贸易顺差，但却很难相信这是源于中国的汇率立场。相反，鼓励中国提振国内消费，方为解决贸易失衡问题的有效途径。

克鲁格曼称，他对罗奇关于美国增加储蓄的观点持怀疑态度，并称美国提高储蓄率只能是"长期目标"。

罗奇坦言，中国的金融业还处在起步阶段，相比美国这样的成熟经济体，中国更加需要有一个相对稳健的货币体系。美国现在的贸易赤字并非是简单的双边贸易赤字，而是多边贸易赤字，过去几年，美国和超过90个国家有贸易赤字问题，中国只是其中最大的一个。美国与中国的贸易不平衡是由多个因素造成的，如果仅仅进行汇率双边调整，这种贸易失衡问题并无法得到解决。

学者中不同的声音也很多。高盛首席经济学家奥尼尔认为，对于美国当局在汇率问题上陡然发难不过是出于政治考量的惯用伎俩，美国国会就人民币汇率的最新举动"就好比踢一场足球赛"，本质上不过是少数人"抨击中国的惯常伎俩"的一部分。人民币在经过大幅升值后，目前已无明显低估迹象，但很不幸的是，围绕人民币汇率问题有太多的政治干扰。人民币低估论存在两方面误区：一是无视汇改以来人民币已升值近20%的事实，二是在金融危机爆发以来，中国的贸易模式已发生了重大转变，进口增长急速上升，不管是绝对数量还是相对于出口而言。摩根士丹利亚洲主席史蒂芬·罗奇提出，美国经济现在的确面临严重的问题，而美国政客不想承担相应的责任。如果像美国一些政客提出的那样，人民币大幅度升值，那么中国和美国贸易的赤字会转向其他和美国拥有贸易赤字的国家，而这些国家却不可能提供像中国这样高质量低价格的产品。其结果对中国出口没好处，对美国来说更糟。

来自美国金融界的研究者，在汇率问题的表态不同于其他机构，也许反映了以下事实，即：与实体经济相比，他们的注意力更加集中在金融领域，中美间所谓的"金融恐怖平衡"，给了他们更深的印象。

在利益集团方面，传统涉华劳工类、意识形态类利益集团，在汇率问题上的反华调门并不高。或许在他们看来，美国对华政策的基调就不够极端、不够刺激，汇率只是一个较小的方面。值得关注的是，以往在中国最惠国待遇、入世等问题上积极活动的跨国公司集团，在此次汇率争端中几乎保持了集体沉默。其中的原因主要包括以下方面：一是人民币升值对他们的负面影响主要表现在成本上升方面，而众所周知，在华发生的成本与跨国公司利润相比十分有限，企业能够承担升值损失。二是人民币升值对已经在华投资的跨国公司甚至是利好，人民币升值将导致其在华资产的美元价值上升，增加后来者的成本，巩固先入者的成本优势。三是经过多年的风风雨雨，跨国公司已经熟悉中美关系"斗而不破"的逻辑，近期一些跨国公司对中国外资政策的调整正有怨言，不愿意在汇率问题上出头。

面对部分国会议员对人民币汇率的强硬观点，美国行政当局的表态呈现出复杂性。早在 2008 年，美国奥巴马总统参加秋季总统竞选活动时，曾经公开指责中国"操纵人民币汇率"。大选前 9 天，他在劳工集会争取选票时，还特地把人民币汇率攻击一番。但奥巴马总统当选后，白宫在汇率问题的表态开始谨慎。2009 年 1 月 21 日，美国财政部长盖特纳在当选财长前夕给国会参议院金融委员会的一份书面报告中高调表示，中国"操纵"人民币汇率，并说奥巴马将"积极"使用所有的外交途径，寻求改变中国的汇率政策。然而，随后立场发生180度转弯，盖特纳在2009年4月15日的外汇政策报告中表示，没有证据表明有任何国家在2008年下半年非法操纵了其货币，并且在当年参议院银行委员会听证会上为美国放弃将中国纳入货币操纵者行列的决定辩护。2010年5月第二轮中美战略与经济对话期间，盖特纳就汇率问题与中国国务院副总理王岐山交换意见时表示，美方尊重中国关于汇率制度的自主权。

专栏3-3　盖特纳的人民币汇率观点

2009年1月21日，美国财长盖特纳在给国会参议院金融委员会的一份书面报告中表示，奥巴马政府认为中国"操纵"人民币汇率，并说奥巴马将"积极"使用所有的外交途径，寻求改变中国的汇率政策。

盖特纳在2009年4月15日的外汇政策报告中表示，没有证据表明有任何国家在2008年下半年非法操纵了其货币。报告显示，美国财政部没有发现任何美国的主要贸易伙伴，用操纵外汇汇率的方式来对往来账户制造障碍，或者是借此获得不公平的竞争优势。中国正在为增强其货币稳定性作出努力，包括允许人民币升值以及宣布大规模经济刺激计划。

盖特纳2009年5月20日表示，在参议院银行委员会听证会上为美国放弃将中国纳入货币操纵者行列的决定辩护，称中国的汇率政策在过去两年已发生显著变化。

盖特纳2009年6月1日在北京大学发表演讲时表示，中国可以令人民币更自由浮动。

盖特纳 2010 年 3 月 16 日表示，中国转向更灵活的汇率形成机制符合其自身利益。中美不会爆发贸易战，中美之间有着非常重要的经济利益。

盖特纳 2010 年 3 月 24 日在接受美国电视媒体采访时表示，中国是一个主权国家，中国将会决定其汇率。我们不能强迫其作出改变。

盖特纳 2010 年 4 月 3 日宣布，美国政府推迟公布原定于 4 月 15 日发布的主要贸易对象国际经济和汇率政策情况报告。

2010 年 5 月第二轮中美战略与经济对话期间，盖特纳就汇率问题与中国国务院副总理王岐山交换意见时表示，美方尊重中国关于汇率制度的自主权，认识到汇率制度的决定权是一个国家的货币主权。

选举语言本身没有多大意义。也许正如美国政治学者所言，"总统具有形成一贯的对外政策所需要的知识、政治基础和广阔的全球眼光"。当选后，领导人对人民币汇率问题有了更加清晰客观的认识。美国行政机构在对华事务上有着很强的政策惯性，他们强调自己的逻辑，有着自己的行事方式。最为典型的是美国财政部在所谓"汇率干预"定义上的表态。

包括储备货币发行国家在内的任何经济体，都会对汇率水平实施某种程度的干预，但汇率干预和汇率操纵有所不同。1977 年，国际货币基金组织的一项关于避免汇率操纵的决议指出：基金成员国有义务避免操纵汇率，不公平地取得优于其他成员国的竞争地位；但是，如果外汇市场出现较大紊乱，成员国应对外汇市场进行干预；不过，此项干预应当充分考虑到其他成员国利益。美国财政部历年关于汇率问题的报告，从未明确界定究竟什么是汇率操纵。往年的报告承认："要确定贸易伙伴国是否为了阻止国际收支平衡调整或获得不公平的贸易优势而操纵本币对美元汇率，存在非常大的困难。"报告曾经列出一系列可用于判断一个国家是否操纵汇率的标准，包括：明显的本币低估、持久的大规模单向汇市干预、外汇储备迅速增加、资本控制和支付限制以及贸易失衡等。从一定意义上讲，过去一些年，我国的情况似乎符合上述标准，但美国财政部过去的报告又称，即便如此，也并不意味着中国在操纵汇率。因为："虽然这些措施的确有助于认定汇率操纵行为，但并不能就此确定某个经济体操纵了汇率。"其中，文字游戏的成分可见一斑。

多数研究认为，认定是否操纵汇率，应从主客观两个层面界定。主观条件是指，某个经济体干预汇率的目的，是否是为了产生阻碍其他国家对国际收支有效调整的结果，或者不公平地取得竞争优势地位。中国显然不存在此方面的主观动机。因为，中国对高出口依存度、巨额顺差转化为外汇储备的负面影响有清醒的认识；关于逐步恢复国际收支基本平衡，已经达成共识。从客观效果看，中国也不构成汇率操纵。毕竟人民币汇率水平的调整，是某种市场机制的结果——虽然这一机制未必健全；一年多来人民币对美元的稳定，是人民币对国际金融危机爆发这一特殊情况的反应，没有对其他国家的正当利益造成负面影响。

从大局上讲，未来行政当局继续平衡国会观点的可能性较大。一是美国作为全球金融危机的始作俑者，国际经济尤其是金融地位在走下坡路，综合美元国际地位、外汇储备对国债投资等因素，行政当局未必愿意矛盾激化。二是众议院有435名议员，130名议员附议，还有305名议员没有参与；白宫仍有空间和国会唱"红白脸的双簧"，提出缓和意见。

四 多数国家并不认同美国压迫人民币升值的做法

亚洲金融危机后，侧重银行系统、忽略市场资源配置能力的"裙带资本主义"模式受到广泛诟病，"盎格鲁—撒克逊"金融模式被视为具有普世价值，成为很多发展中国家改造本国金融体系的重要参考。此次国际金融危机恰恰由美国这样拥有世界上最发达的"风险管理金融模式"的经济体引发，这引起关于不同金融体系优劣的新一轮争论。无论理论争论的结果如何，现实的结果都是确定的，即，美国的经济制度和金融体系不再具有道德上的权威性，美国对其他国家施加经济金融压力的能力大大下降。

2008 年年中以来，人民币事实上停止了名义汇率对美元的渐进升值进程，对美元名义汇率保持稳定。同时以 2009 年年初为界，实际有效汇率呈现出先升值又贬值的态势。这一变化是金融危机背景下，人民币不得不采取被动应对策略的结果，没有侵害任何人的利益。从货币层面看，金融动荡情况下，美元的避险功能凸显，相对于其他主要货币明显升值。稳定人民币和美元的关系，对各方都是一个很强的暗示，避免了全球竞争性贬值局面的出现，降低了金融危机波及全球外汇市场的风险。

从实体经济层面看，2009 年上半年，多种货币对美元都曾显著贬值，其中，不乏与我国存在明显出口竞争关系国家的货币。人民币对美元汇率稳定的结果，是这些国家货币相对于人民币贬值。这实际上增强了有关国家出口商品相对于中国出口商品的竞争力。从以上两个角度，可以将一年多来人民币再度盯住美元，理解为中国对全球应对金融危机的贡献，而非以邻为壑。

欧盟驻华大使赛日·安博 2010 年 3 月 17 日在北京举行的新闻发布会表示，汇率问题是一个复杂的问题，各方应该以建设性态度进行讨论，而不是施加压力，施压并不是解决这个复杂问题的好办法。欧盟较之美国的态度相对缓和，一方面是因为目前欧元汇率并不算高，另一方面，由于受希腊债务危机拖累，欧元兑美元汇率自2009 年 11 月以来已经贬值，与人民币的比价也相应走低，这在一定程度上满足欧盟对人民币升值的需要。

布鲁塞尔欧洲与全球经济研究所所长让·皮萨尼－费里指出，在人民币、美元和欧元三者的互动中，如果人民币不再紧盯美元，开始升值，那么从经常项目账户来看欧元总体升值压力会得到缓解，但由此带来的一个可能后果是中国减持美元资产，增加欧元资产的比重，那么欧元又将面临升值压力，两相抵消，可能还会加剧欧元对美元升值，加剧欧洲目前的困境。德国、奥地利、瑞士等一些欧洲国家目前态度相对中立。在中东，海湾国家中除了科威特之外其余大都在汇率上紧盯美元，他们真正担心的是美元贬值，加上与中国的实际贸易额并不太大，因此当地并不太关心人民币是否升值。

与欧盟相对缓和的观点相似，日本对人民币升值大多也持保留态度。日本银行总裁白川方明 2010 年 4 月 22 日在华盛顿就人民币汇率改革向记者表示，以日本的经验来看，用汇率作为解决贸易争端的手段并不合适，他认为在货币问题上，应该由各国自主推行政策。20 世纪 80 年代，美国为削减对日贸易逆差，在"广场协议"中迫使日元对美元升值，但贸易不均衡的问题并未得到解决。

在日本被称为"日元先生"的原大藏省财务官、早稻田大学教授榊原英资 2010 年 4 月 3 日接受新华社记者专访时表示，人民币升值与否应该由中国自行决定。榊原英资认为，中长期来看，人民币必然需要升值，而缓慢地升值是正确的方法。美国国会不应该给中国施压，而应让中国自主地实现人民币升值。升值是一个中长期的过程，具体如何逐渐地实现人民币升值，应由中国政府决定。

南非政府重要智库之一南非逸飞森特集团主席、首席经济学家戴维·鲁特指出，全球贸易失衡是世界主要发达国家的经济结构造成的，人民币升值不能解决全球贸易失衡问题，也没有任何理由将世界经济复苏乏力或延迟归咎于人民币汇率。他指出，1997 年亚洲金融危机期间，为防止亚洲周边国家和地区货币轮番贬值使危机深化，中国作为一个负责任大国，主动收窄人民币汇率浮动区间，有效帮助亚洲战胜危机、实现重振。2008 年国际金融危机爆发后，中国沉着应对挑战，在较短时间内实现了经济回升向好，"中国动力"为世界经济走向复苏作出了重要贡献。

阿根廷国际战略研究所所长、中国问题专家豪尔赫·卡斯特罗 2010 年 2 月 22 日接受新华社专访时说，如果在目前情况下出现人民币大幅升值的趋势，会促使大量国际热钱和国内流动资金涌入中国资本市场和房地产市场，迅速吹大中国虚拟经济的泡沫。如果中国金融市场出现剧烈波动，世界经济将再次陷入危机，新兴市场国家则将首当其冲。联合国贸易与发展委员会（UNCTAD）2010 年 3 月 17 日发表研究报告表示，外界要求人民币汇率升值，未考虑到中国稳定对于地区和全球的重要意义，将人民币暴露于货币市场会给全球带来更大风险，如果期望中国将人民币汇率完全交由不可靠的市场环境来决定，并且冒当初日元升值的风险，这种观点忽视了中国内部和外部稳定对于地区和全球的重要性。

更为重要的是，2010 年第 2 季度以后，由于债务危机，欧元开始大幅贬值。5 月份一个月之内，欧元对人民币贬值幅度达 14%。综合这些因素，我们判断，人民币汇率争端大体会停留在中美双边的水平上，其他国家不大可能追随美国对人民币升值施压。无论是人民币汇率水平的调整，还是汇率形成机制改革的推进，都将按照中国自身的经济运行和政策逻辑有序推进。

第四章
人民币汇率变动对中国经济的影响
——宏观经济计量模型分析

一 汇率变动对经济影响的传导机制

汇率是一国经济中的一个重要变量，一方面汇率受很多其他宏观经济变量影响，另一方面，汇率也会对其他经济因素产生影响，尤其是在浮动汇率制下，汇率水平的经常调整和频繁变化，会对一国经济产生较大冲击。下面，我们主要介绍汇率变动对对外贸易、价格水平、资本流动、外汇储备、经济增长、就业等宏观经济主要变量的影响。总体看来，汇率变动对一国经济的影响是相当复杂的，不同部门所收受的影响是不一样的，因此不能简单地说汇率升值或汇率贬值对一国经济是有利的还是不利的，必须具体问题具体分析。

（一） 汇率变动影响的理论框架

为分析汇率变动对经济的影响及其传导途径，不妨考虑下述开放经济条件下的宏观经济模型：

$(1.1) Y = Y(N) \quad Y_N > 0, Y_{NN} < 0$

$(1.2) W/P = Y_N$

$(1.3) Y = D(Y,r) + X(Y,e) \quad 0 < D_Y < 1, D_r < 0, X_Y < 0, X_e > 0$

$(1.4) M/P = L(Y,r) \quad L_Y > 0, L_r < 0$

$(1.5) BP = X(Y,e) + K(r) \quad K_r > 0$

其中，（1.1）式为资本存量在短期保持不变时的生产函数，产出 Y 随着劳动要素投入即就业量 N 的增加而增加，但就业的边际产出递减，即 $Y_N > 0$，$Y_{NN} < 0$。（1.2）式表示货币工资率 W 与一般价格水平 P 之比即实际工资率 W/P 应等于就业的边际产出 Y_N。（1.3）式为产品市场均衡条件，即产出供给 Y 应等于国内需求 D（Y，r）与净出口或贸易差额 X（Y，e）之和；国内需求是消费、投资和政府开支之和，由于边际消费倾向一般大于零小于一，投资与利率 r 反向变动，因此 $0 < D_Y < 1$，$D_r < 0$；由于收入（产出）Y 增加将导致进口增加和贸易盈余减少，而汇率 e 上升即本币贬值总体上有利于促进出口和抑制进口，因此 $X_Y < 0$，$X_e > 0$。（1.4）式为货币市场均衡条件，即实际货币供应量 M/P 应等于由流动性偏好函数 L（Y，r）决定的对实际货币余额的需求；由于收入增加导致货币需求增加，而利率上升将减少货币需求，因此 $L_Y > 0$，$L_r < 0$。（1.5）式表示国际收支差额 BP 等于经常项目差额或净出口 X（Y，e）与净资本流入 K（r）之和，而净资本流入随着国内利率的提高而增加，因此 $K_r > 0$；当 BP＝0 时，表示国际收支处于平衡状态。

在上述模型中，货币工资率 W、名义货币供应量 M 和汇率 e 为由模型外其他因素决定的外生变量。为集中分析汇率变动对就业的影响，假定在分析过程中货币工资率和名义货币供应量保持不变，即 dW＝dM＝0，则上述模型的微分形式如下所示：

$(2.1) dY = Y_N dN$

$(2.2) dP/P = -(Y_N/Y_{NN}) dN$

$(2.3) (1 - D_Y - X_Y) dY - A_r dr = X_e de$

(2.4)$L_Y dY + L_r dr = -(M/P)(dP/P)$

(2.5)$dBP = X_Y dY + K_r dr + X_e de$

为便于在（Y，r）平面上运用传统的 IS - LM - BP 曲线分析汇率变动对就业的影响，我们将上述微分形式模型转化为下列标准的 IS - LM - BP 模型：

首先，IS 曲线表示的是产品市场均衡，实际上就是方程（2.3）。

IS 曲线方程：$(1 - D_Y - X_Y)dY - A_r dr = X_e de$

由于 IS 曲线的斜率 $dr/dY = (1 - D_Y - X_Y)/A_r < 0$，并且 $\partial r/\partial e = -X_e/D_r > 0, \partial Y/\partial e = X_e/(1 - D_Y - X_Y) > 0$，这表明在（Y，r）平面上，IS 曲线是自左上方向右下方倾斜的曲线，并且汇率水平上升将导致该曲线向上或向右移动。

其次，(2.1)、(2.2)、(2.4) 式可以整合为 LM 曲线。

LM 曲线方程：$(L_Y - (Y_{NN}/Y_N^2)/(M/P))dY + L_r dr = 0$

由于 LM 曲线的斜率 $dr/dY = -(L_Y - (Y_{NN}/Y_N^2)/(M/P))/L_r > 0$，并且该方程中不含有外生变量 e，因此在（Y，r）平面上 LM 曲线是由左下方向右上方倾斜的曲线，汇率变动不会导致该曲线发生位移。

最后，(2.5) 式表示的是 BP 曲线，在该曲线上，国际收支处于平衡状态。

BP 曲线方程：$dBP = X_Y dY + K_r dr + X_e de$

由于 BP 曲线的斜率 $dr/dY = -K_r/X_Y > 0$，并且 $\partial r/\partial e = -X_e/K_r < 0, \partial Y/\partial e = -X_e/X_Y > 0$ 因此在（Y，r）平面上 BP 曲线是由左下方向右上方倾斜的曲线，并且汇率水平上升即本币贬值将导致 BP 曲线向下方或者右方移动。

假定经济最初处于均衡状态，即 IS - LM - BP 三条曲线相交于 E_0 点。如果 BP 曲线斜率 $-K_r/X_Y$ 小于 LM 曲线斜率 $-(L_Y - (Y_{NN}/Y_N^2)/(M/P))/L_r$，则 BP 曲线从 LM 曲线上方向下与之相交；

反之，则从下往上相交。当本币贬值即 e 上升时，IS 曲线将从最初
的 IS_0 向右位移至 IS_1，LM 曲线不变，BP 将从最初的 BP_0 向右位移
至 BP_1。两种情况如图 4—1 所示。

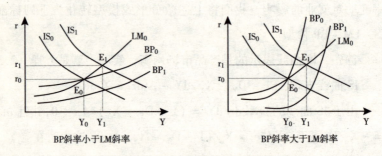

图 4—1 不同情况下的 IS、LM 和 BP 曲线

当 BP 曲线斜率小于 LM 曲线斜率时，本币贬值将导致经济从初
始均衡点 E_0 过渡到产出、利率水平更高和国际收支盈余的均衡点
E_1。这是因为本币贬值有助于增加净出口和扩大需求，而净出口的
增加和更高利率水平所引致的资本流入的增加又会改善国际收支状
况。当 BP 曲线斜率大于 LM 曲线斜率时，本币贬值对产出、就业、
利率、净出口和资本流入的影响与前述情况相同，但 BP 曲线有可能
与 IS 曲线相交于 E_1 的上方或者下方，分别对应国际收支顺差和
逆差。

实际上，求解 IS－LM 曲线方程的微分形式，可得出如下结果：

(3.1) $dY = (1/\Delta)L_r X_e de$

(3.2) $dr = -(1/\Delta)(L_Y - (Y_{NN}/Y_N^2)/(M/P))X_e de$

其中 $\Delta = (1 - D_Y - X_Y)L_r + D_r(L_Y - (Y_{NN}/Y_N^2)/(M/P)) < 0$

将 (3.1) 式和 (3.2) 式代入 BP 曲线方程，可以得出

(3.3) $dBP = (1/\Delta)(X_Y L_r - K_r(L_Y - (Y_{NN}/Y_N^2)/(M/P))X_e de + X_e de$

将（3.1）式代入生产函数（2.1），可得出汇率变动对就业的影响

（3.4）$dN = (1/\Delta)(1/Y_N)L_rX_e de$

再将（3.4）式代入（2.2）式，可得出汇率变动对通胀率 dP/P 的影响：

（3.5）$dP/P = -(Y_N/Y_{NN})(1/\Delta)(1/Y_N)L_rX_e de$

从（3.1）式至（3.5）式可以得出汇率变动对所有宏观经济变量的影响效应：

（4.1）$\partial Y/\partial e = (1/\Delta)L_rX_e > 0$

（4.2）$\partial N/\partial e = (1/\Delta)(1/Y_N)L_rX_e > 0$

（4.3）$\partial r/\partial e = -(1/\Delta)(L_Y - (Y_{NN}/Y_N^2)/(M/P))X > 0$

（4.4）$\partial(dP/P)/\partial e = -(Y_N/Y_{NN})(1/\Delta)(1/Y_N)L_rX_e > 0$

（4.5）$\partial BP/\partial e = (1/\Delta)(X_Y L_r - K_r(L_Y - (Y_{NN}/Y_N^2)/(M/P))X_e + X_e$

（4.1）至（4.5）实际上是微分形式模型的最终解，可以看出本币贬值即汇率水平 e 上升对产出 Y、就业 N、利率 r、通胀率 dP/P 都会产生正向影响，特别是有助于扩大就业。但对国际收支差额 BP 的影响则存在不确定性。

当 $X_Y L_r - K_r(L_Y - (Y_{NN}/Y_N^2)/(M/P) < 0$ 时,也就是 BP 曲线的斜率 $-K_r/X_Y$ 小于 LM 曲线斜率 $-(L_Y - (Y_{NN}/Y_N^2)/(M/P))/L_r$ 时,本币贬值有助于增加国际收支顺差,即 $\partial BP/\partial e > 0$;当 $X_Y L_r - K_r(L_Y - (Y_{NN}/Y_N^2)/(M/P) > 0$ 时,也就是 BP 曲线的斜率 $-K_r/X_Y$ 大于 LM 曲线斜率 $-(L_Y - (Y_{NN}/Y_N^2)/(M/P))/L_r$ 时,则本币贬值既有可能扩大,也有可能减少顺差,也就是图 4-1 右图所表示的情况。

（二）汇率变动对经济影响的传导机制

通过前面的理论框架，我们从理论上分析了汇率变动对各个宏

观经济变动可能带来的影响。这里我们进一步分析汇率变动对经济影响的具体传导机制。

1. 汇率变化对国际贸易的影响

汇率变化最为直接也最为显著的就是对一国对外贸易的影响。从微观方面看，汇率变化将影响到企业的成本、利润和商品或服务的价格，如本币贬值后，以外币衡量的成本、价格都将下降；从宏观方面看，汇率变化将导致国际贸易规模发生相应的变化。

一般而言，一国货币贬值有利于本国增加商品和服务出口，会增加贸易顺差或减小贸易逆差，而一国货币升值则有利于国外增加对本国的商品和服务出口，会减少本国的贸易顺差或扩大贸易逆差。

以贬值为例，贬值会对出口商品的价格产生两种结果，一是与贬值前相比，同样国内价格的商品所折合的外币会少一些，也就是以外币表示的商品价格将会便宜一些，商品的价格竞争力得到提高，出口商品的数量将会增加；二是如果出口商品在国外的价格保持不变，则与贬值前相比，出口同样商品所得到的外币折合成本币的价格就会增加，也就是以本币衡量的卖出商品的价格更高了，这将使出口企业利润增加，提高出口积极性，也会导致出口数量增加。但是，出口数量的增加并不意味着以外币计算的出口金额增加，这是因为，虽然出口数量增加，但以外币计算的国外产品单位价格却降低了，而出口总金额是出口数量与国外价格的乘积，因此出口总金额既有增加的可能，也有减少的可能。为了进一步说明贬值对出口、进口总金额的总体影响，现代国际贸易理论提出了"马歇尔—勒纳条件"，其基本结论是，只有出口商品的需求弹性与进口商品的需求弹性之和大于1，贸易收支条件才能改善，也就是贸易顺差增加或逆差减少。所谓需求弹性，是指进出口价格与进出口数量之比，例如出口价格下降1%，出口需求增长为1.5%，也就是出口商品的需求弹性为1.5。

从时间上看，汇率变动与贸易变化并不是同时发生的，汇率变化对贸易的短期影响和中期影响是不同的，这就是所谓的"J曲线效应"。以本币贬值对出口的影响为例，虽然大部分情况贬值将促进出口增加，但这种效应并不是贬值之后立即发生的，相反在贬值之后的一段时间内，反而会引起出口的减少，在经过这段"时滞"之后，贬值才会最终造成出口增加。造成这种现象的主要原因是，汇率调整是即刻发生的，而出口行为调整较慢。具体来看，贸易进出口合同都有一定的期限，贬值后的最初一段时间内，商品出口仍按原来合同履行，如果出口价格以本币计算，以本币计算的出口总金额将不变，但由于本币贬值，以外币计算的出口总金额将减少；如果出口价格以外币计算，则出口数量和以外币表示的出口价格都不会发生变化，但是贬值使同样出口金额所折算的本币金额下降。在经过这段"时滞"期以后，由于进出口活动将依据新的汇率水平进行调整，因此贬值就将使出口增加。

在我国的对外贸易中，加工贸易占有近一半的比重。简单地讲，加工贸易是指经营企业进口全部或部分原辅材料、零部件等，经国内加工或装配后，将制成品复出口的经营活动，其特征是进口和出口"两头"都在国外，进口的目的不是用来国内消费或国内投资，而是为了加工后的再出口。汇率对加工贸易的影响主要表现在，一方面，汇率与加工贸易的国内增值部分、如国内收取的加工费等有关，当本币贬值后，以外币计算的国内加工费等国内增值部分就会下降，在国内加工也就更为便宜，将导致扩大加工贸易规模；另一方面，加工贸易的进口和出口会同向变动，即加工贸易进口增加，也会带来加工贸易的出口增加，而且由于国内增值部分，加工贸易出口大于加工贸易进口，这个特点不同于普通贸易，后者是进口和出口呈现反向变动趋势，如本币贬值时，出口扩大、进口增加。

2. 汇率变动对资本流动的影响

一般来看，汇率变动对资本流动的影响表现在，当本币对外贬值后，同等数量的外币可以折合更多的本币，因此会促进国外的资本流入增加，国内资本流出减少；当本币对外升值后，同等数量的外币折合的本币将较少，而同等数量的本币折合成的外币数量将增加，因此会导致国外的资本流入减少，国内资本流出增加。

汇率预期对资本流动也有非常重要的影响。如果预期本币在未来一段时间内升值，则将会吸引国外资本尤其是具有投机性质的短期资本流入本国，这些资本也通常被称为"热钱"，这些"热钱"流入后兑换成本币，在本币升值以后可以兑换成更多的外币，从而套取升值的收益。基于同样的道理，如果预期本币在未来一段时间内贬值，则会引起国内资本向外流出。这种套汇行为将导致汇率变动前后资本的大规模进出，加剧了外汇市场的波动。

3. 汇率波动对外汇储备的影响

目前各国的外汇储备主要是由该国对外贸易和结算中的主要货币组成，汇率波动将影响到外汇储备价值的变化。

在二战之后直到 20 世纪 70 年代以前布雷顿森林体系下，美元是各国外汇储备的主要货币，在这一时期，外汇储备的稳定性和价值高低与美元汇率有很大的关系，当美元升值时，一国的外汇储备相应升值，当美元贬值时，一国的外汇储备也会相应贬值。

自 20 世纪 70 年代布雷顿森林体系解体之后，各国的外汇储备逐步出现多元化的趋势，除美元外，欧洲货币和日元在各国外汇储备中的比重增加，外汇储备进入多元化时期，因此各储备货币之间的汇率变化都对一国外汇储备的实际价值产生影响。在这一时期，一国外汇储备的价值与很多因素有关，如外汇储备的币种构成、各币种的升贬值方向、外汇储备不同币种的权重等。在外汇储备多元化时期，汇率变化也更为复杂，因此一国对外汇储备的管理难度大大增加，如何在外汇保值的基础上实现增值，是各国外汇管理重要的关注方向。

4. 汇率变动对物价水平的影响

汇率波动的直接后果是影响到物价水平，汇率对物价的影响主要是一国贸易品和非贸易品的价格。贸易品是可以在国与国之间进行贸易的商品和服务，大部分商品都是贸易品；而非贸易品是不可以在国与国之间进行贸易的商品和服务，有很多服务由于必须在本地即时消费，因此不可以贸易，如一国的理发服务就不能出口到另外的国家，也有一些产品由于本身的特性也很难出口，例如砂石等由于本身价格不高、运输成本很贵、各地都容易获得，因此这些产品的国际贸易不多。

从汇率波动对贸易品价格的变化看，当本币贬值后，以本币表示的出口和进口商品的国内价格都有所提高，但出口商品的本币价格提高主要是增加出口企业的利润，对国内物价水平的直接影响不大。相比之下，如果进口品在国民经济中占有较高的比重，并且本币贬值对抑制进口的作用不明显，则进口品价格提高会对国内物价上涨形成较大的压力，这种压力不仅包括进口制成品对物价上涨的压力，也包括进口中间产品对国内最终产品传递而形成的物价上涨压力。例如，目前我国对国际石油、矿石等大宗产品依赖程度越来越强，进口数量不断增加，而近年来国际上石油、矿石等大宗原材料产品大幅上涨，引起我国进口产品价格不断上升，继而在一定程度上推动我国国内物价上升，也就是输入型通货膨胀。本币升值的作用正好相反，当本币升值后，将促使进口产品的国内价格下降，对国内物价水平起到抑制的作用。

从汇率波动对贸易品价格的变化看，其影响是间接的，传递过程也比较复杂。如果一国商品和服务可以自由贸易，并且国内资源要素在贸易部门和非贸易部门之间可以方便转移，那么汇率变动所引起的贸易品价格变化会传递到非贸易品价格上。以贬值为例，当汇率贬值后，国内以本币表示的出口产品价格将提高，这将对不同类型的非贸易品价格产生影响，例如对随价格变化可以方便地转化成为出口商品的国内商品而言，由于出口价格上升，这些产品将至少部分地从国内市场转到国际市场，由原来的非贸易品转为贸易品，由此导致国内市场供应减少，价格上升。

5. 对经济增长和就业的影响

汇率变动对经济增长的影响，一直是一个争议较大的问题。大多数传统的理论认为，成功的汇率贬值对经济增长的影响是积极的。在一国经济增长主要受总需求不足制约的情况下，货币贬值不但可以促进出口，而且还会通过成熟作用，带动国民收入的成倍增长。但在另一方面，汇率贬值也有可能会对经济产生紧缩性影响，也就是降低经济增长率，这种影响可以通过三种效应体现出来。一是"贬值税"效应，货币贬值之后，虽然会带来收入增加，但收入增加之后却转而增加进口，对本国产品的需求反而下降，对本国产品的下降幅度若超过出口增加幅度，货币贬值对经济增长就会有不利影响。当然，这种效应的出现是有一定的前提条件的，如国内外劳动生产率和产品品种、质量之间存在重大差异，汇率贬值国家的进口商品需求弹性较低和进口倾向较高等。二是"货币资产"效应，当货币贬值之后，本国资产购买国外资产的能力下降，为购买相同数量的国外资产，本国必须支付更多的国民收入，导致对本国产品需求下降。三是"债务"效应，货币贬值后，偿还同等数量的外债将要支付更多的本国货币，也意味着国民收入的减少，并会抵消部分出口对国民经济增长的促进作用。不过从实践看，大多数研究还是支撑短期内货币贬值对经济增长有促进作用的正面结论的。

就业与经济增长的关系较为密切，一般而言，经济增长越高，就业也越高，反之则相反。因此，当汇率变动引起经济增长速度的变化时，就业率也一般会同向变化，如汇率贬值导致经济增长加快时，会带来就业增加。但是也要看到，一国就业是由各部门就业汇总而成的，因此就业部门结构对最终总就业影响很大，这可能与经济增长方向相背离。例如，一国货币升值之后，一方面会带来出口行业就业的减少，另一方面也会带来国内需求结构的变化，这也会引起国内就业结构的变化，对就业总影响体现在不同部门的就业弹性上。举例来看，若升值导致出口减少，但减少的出口主要集中在资本密集型行业中，所减少的就业量并不大；而升值使国内需求结构发生变化，导致国内服务业比重上升，服务业是吸纳就业人数最多的部门，若增加的服务业就业超过减少的资本密集型产业就业，则升值对就业的影响就是积极的，即使升值有可能引起经济增长的下降。

6. 对产业结构的影响

汇率变化对产业结构的影响主要是通过价格作用实现的。一般而言，当汇率波动引起一些部门产品价格绝对或相对上升，这些部门就会吸引更多的国内资源，该部门在国民经济中的比重也将上升；反之，当汇率波动引起一些部门产品价格绝对或相对下降，这些部门原有的一部分国内资源就会转移到其他部门，该部门在国民经济中的比重就会下降。

二　宏观计量模型的构建和模拟

从汇率对经济影响的传导机制分析可以看出，汇率变动对经济的影响非常复杂，而且存在很大的确定性。为了分析汇率波动对我国宏观经济的具体影响，主要考虑 1978 年改革开放以来中国经济结构变动的特征，从国民经济产品服务流量运动过程与资金流量运动的统一性出发，并联系国民经济的生产、分配和使用三个阶段的连续动态运动过程，从生产与总产出、劳动力资源配置、价格与工资、国民收入与分配、支出与总需求、财政与货币以及国际收支等各方面，构造一个包含众多经济变量和复杂动态结构关系的，能够反映现阶段中国不断开放情况下，经济发展特征的宏观联立计量模型。

由于农村存在大量的隐性失业人口，汇率变动更多的是影响二、三产业的就业变动，因此我们主要考察汇率变动对二、三产业就业变动的影响，农业劳动者人数由社会劳动者人数配置恒等式决定。从本书需求的角度出发，所建立的宏观方程中，除了人民币兑美元汇率为外生变量外，其余变量都是内生变化，通过控制外生变量观察人民币汇率变动对就业的影响。理论上，利率是影响货币供应和投资的重要因素，而这在一定程度上会影响就业。考虑到现阶段的银行利率，包括各种期限的存贷款利率，都是由政府控制的，因此我们模型中暂不考虑利率。

（一）结构性联立方程模型方程构成

1. 生产与总产出方程

产出方程包括农业、工业（包括建筑业和采掘业）和服务业等三大产业的产出。采用科布—道格拉斯生产函数，决定产出的是各个产业的就业人数和资本存量。

（1）总产出

$$XGDP = XAP + XIP + XSP$$

（2）农业产出

$$Ln(XAP) = -0.70 + 0.79Ln(XAP(-1)) + 0.18Ln(XKA) + 0.07Ln(NF)$$
$$\quad\quad\quad (0.76) \quad\quad (0.08) \quad\quad\quad (0.07) \quad\quad\quad (0.08)$$

$D - W = 1.53$，调整后的 $R^2 = 0.99$，F—统计值 $= 1853.75$，括号中为标准差（下同）。

其中 XAP、XKA 和 NF 分别为农业产出，农业资本存量和农业就业人数。

（3）工业产出

$$Ln(XIP) = -3.80 + 0.20Ln(XIP(-1)) + 0.67Ln(XKI) + 0.44Ln(NI)$$
$$(0.65) \qquad (0.15) \qquad\qquad (0.13) \qquad\qquad (0.08)$$

$D - W = 0.94$，调整后的 $R^2 = 0.99$，F—统计值 $= 9440.64$。

其中 XIP、XKI 和 NI 分别为工业产出、工业资本存量和工业就业人数。

（4）服务业产出

$$Ln(XSP) = -0.90 + 0.64Ln(XSP(-1)) + 0.24Ln(XKS) + 0.19Ln(NS)$$
$$(0.57) \qquad (0.19) \qquad\qquad (0.12) \qquad\qquad (0.12)$$

$D - W = 0.68$，调整后的 $R^2 = 0.99$，F—统计值 $= 6912.46$。

其中 XSP、XKS 和 NS 分别为服务业产出、服务业资本存量和服务业就业人数。

（5）农业实际生产效率

$$XNA = XAP/NF$$

（6）工业实际生产效率

$$XNI = XIP/NI$$

（7）服务业实际生产效率

$$XNS = XSP/NS$$

（8）非农实际产出效率

$$XNIS = (XIP + XSP)/(NI + NS)$$

（9）实际农业产出占总产出的比重

$$XANAP = XAP/(XIP + XSP)$$

（10）农业名义产出

$$YAP = PA * XAP/100$$

（11）工业名义产出

$$YIP = PI * XIP/100$$

（12）服务业名义产出

$$YSP = PS * XSP/100$$

（13）名义 GDP

$$YGDP = YAP + YIP + YSP$$

（14）非农名义产出效率

$$YNIS = (YIP + YSP)/(NI + NS)$$

（15）实际农业产出占总产出的比重

$$WXAP = XAP/XGDP$$

（16）实际工业产出占总产出的比重

$$WXIP = XIP/XGDP$$

（17）实际服务业产出占总产出的比重

$$WXSP = XSP/XGDP$$

（18）名义农业产出占总产出的比重

$$WYAP = YAP/YGDP$$

（19）名义工业产出占总产出的比重

$$WYIP = YIP/YGDP$$

（20）名义服务业产出占总产出的比重

$$WYSP = YSP/YGDP$$

2. 劳动力配置

基本上可以认为，在现阶段我国二元经济结构的情况下，农村存在大量的隐性失业，劳动力是无限供给的，农业人口可以由社会劳动者人数配置方程决定，即在总就业确定的情况下，最终影响农业就业的主要是工业和服务业的就业。在此之后，针对沿海地区出现的"民工荒"，一些学者认为我国劳动力不再是无限供给的。针对这种讨论，我们在向后预测中，建立农业就业方程。总就业不再由人口决定，此时而是由三次产业就业之和得到。对于分产业的就业而言，影响其就业的分别是其产业的产出和生产效率。从理论上说，产出越高，对就业的需求也就越高，生产效率越高，对就业的需求相对较低，因此就业与产出之间是正相关关系，而与生产效率之间是负相关关系。

（21）总就业

$$Ln(NLF) = -2.87 + 0.72Ln(NLF(-1)) + 0.50Ln(POP)$$
$$(2.37) \qquad (0.15) \qquad (0.35)$$

$D-W = 1.85$，调整后的 $R^2 = 0.99$，F—统计值 $= 828.23$。

其中 NLF 为总就业，POP 为总人口数。

（22）工业就业

$$Ln(NI) = 0.75 + ln(NI(-1)) + 0.15Ln(XIP) - 0.14Ln(XNI(-1))$$
$$(0.47) \quad (0.20) \qquad (0.17) \qquad (0.17)$$

$D-W = 1.87$，调整后的 $R^2 = 0.99$，F—统计值 $= 578.49$。

其中 NI 为工业就业人数，XIP 为工业产出，XNI 为产出劳动比（生产效率）。

（23）服务业就业

$$Ln(NS) = 0.55 + 0.86Ln(NS(-1)) + 0.08Ln(XSP) - 0.04Ln(XNS(-1))$$
$$\qquad (0.39) \qquad (0.22) \qquad\qquad (0.22) \qquad\qquad\qquad (0.23)$$

$D-W = 2.00$，调整后的 $R^2 = 0.99$，F—统计值 $= 1768.74$。

其中 NS 为服务业就业人数，XSP 为服务业产出，XNS 为产出劳动比（生产效率）。

（24）农业就业

在总就业、服务业就业和工业就业决定的情况下，农业就业方程为：

$$NF = NLF - NI - NS$$

如果农业就业不是由社会劳动者配置方程决定，农业的就业方程为：

$$Ln(NF) = 9.87 + 0.05Ln(NF) - 0.061Ln(XNA) + [AR(1) = 0.96]$$
$$\qquad (1.45) \qquad (0.13) \qquad\qquad (0.10) \qquad\qquad (0.02)$$

$D-W = 1.99$，调整后的 $R^2 = 0.94$，F—统计值 $= 120.83$。

（25）农业就业占总就业的比重

$$WNF = NF/NLF$$

（26）工业就业占总就业的比重

$$WNI = NI/NLF$$

（27）服务业就业占总就业的比重

$$WNS = NS/NLF$$

3. 价格方程

影响价格指数的变量主要有货币供应量、工资水平，而影响工资的则主要是产出劳动比、非农产出、货币供应量等指标。

（28）GDP 平减指数

$$PX = 100 * YGDP/XGDP$$

（29）消费价格指数

$$Ln(PCPI) = -0.23 + 0.29Ln(PA) + 0.49Ln(PI) + 0.27Ln(PS) + [AR(1) = 0.88]$$
$$\quad\quad\quad (0.43)\quad\quad (0.13)\quad (0.22)\quad\quad (0.12)\quad\quad\quad (0.12)$$

$D-W = 1.12$，调整后的 $R^2 = 0.99$，F—统计值 = 3021.39。

（30）农业生产价格指数

$$D(PA) = -0.049 + 0.37D(PA(-1)) - 0.071D(XNA) + 0.69D(WR)$$
$$\quad\quad (0.02)\quad\quad (0.13)\quad\quad\quad\quad (0.22)\quad\quad\quad (0.15)$$

D 表示变量的增长率

$D-W = 2.24$，调整后的 $R^2 = 0.56$，F—统计值 = 12.16。

由于方程变量都是以增长率表示的波动值，因此相对于其他方程，拟合优度相对较低，但也是可接受范围。

（31）工业生产价格指数

$$D(PI) = -0.03 - 0.06D(XNI) + 0.55D(WR) + 0.055D(M)$$
$$\quad\quad\quad (0.02)\quad\quad (0.13)\quad\quad (0.11)\quad\quad\quad\quad (0.09)$$

$D-W = 1.43$，调整后的 $R^2 = 0.54$，F—统计值 = 11.84。

（32）服务业生产价格指数

$$D(PS) = -0.03 + 0.20D(PS) + 0.55D(WR) + 0.06D(M)$$
$$\quad\quad\quad (0.025)\quad\quad (0.15)\quad\quad (0.16)\quad\quad (0.13)$$

$D-W = 1.90$，调整后的 $R^2 = 0.48$。

（33）工资指数

$$D(WR) = 0.015 + 0.17D(M) + 0.43D(YNIS) + 01.25D(GEXP)$$
$$\quad\quad\quad (0.03)\quad\quad (0.13)\quad\quad (0.14)\quad\quad (0.13)$$

$D - W = 1.82$，调整后的 $R^2 = 0.54$。

4. 国内需求方程

这部分主要包括居民可支配收入、居民消费、政府消费、固定资本形成以及存货变动等方程。其中影响居民消费的主要是可支配收入，影响政府消费的主要是政府财政支出和 GDP，而决定固定资本形成的因素则主要有政府支出、货币、外商直接投资。

（34）支出法计算的名义 GDP

$$YGDE = CP + CG + IF + IS + E - F$$

（35）支出法计算的实际 GDP

$$XGDE = PX * YGDE/100$$

（36）支出法计算的 GDP 和供给法计算的 GDP 差额

$$YOMS = YGDP - YGDE$$

（37）实际居民消费

$$XCP = 346.99 + 0.52XCP(-1) + 0.39XYD$$
$$\quad\quad (267.03) \quad\quad (0.11) \quad\quad\quad (0.07)$$

$D - W = 1.91$，调整后的 $R^2 = 0.99$。

（38）名义居民消费

$$CP = PCPI * XCP/100$$

（39）名义政府消费

$$Ln(CG) = -0.61 + 0.62Ln(YGDP) + 0.32Ln(GEXP) + [AR(1) = 0.86]$$
$$\quad\quad (1.25) \quad\quad (0.14) \quad\quad\quad (0.10) \quad\quad\quad\quad (0.11)$$

$D - W = 1.54$，调整后的 $R^2 = 0.99$。

（40）固定资本形成

$$Ln(IF) = 1.38 + 0.30Ln(GEXP) + 0.45Ln(M) + Ln(FDI)$$
$$(0.27) \quad\quad (0.18) \quad\quad\quad (0.21) \quad\quad\quad (0.05)$$

$D-W = 1.23$，调整后的 $R^2 = 0.99$。

（41）存货

$$IS = 324 + 0.75 * IS(-1) + 0.008 * YIP - 0.039 * YOMS(-1)$$
$$(225.8) \quad\quad (0.16) \quad\quad\quad (0.006) \quad\quad\quad\quad (0.14)$$

$D-W = 1.63$，调整后的 $R^2 = 0.76$。

5. 国民收入分配方程

（42）名义居民可支配收入

$$Ln(YD) = 0.19 + 0.39Ln(YD(-1)) + 0.55Ln(YGDP) + 0.43AR(1)$$
$$(0.04) \quad\quad (0.06) \quad\quad\quad (0.05)$$

$D-W = 1.82$，调整后的 $R^2 = 0.99$。

（43）实际居民可支配收入

$$XYD = 100 * YD/PCPI$$

（44）名义居民可支配收入占 GDP 的比重

$$WYD = YD/YGDP$$

（45）名义企业收益

$$YE = YGD - YD - GREV$$

（46）名义企业收益占 GDP 的比重

$$WYE = YE/YGDP$$

6. 对外经济方程

该部分涵盖了出口、进口、外商直接投资、实际有效汇率、经常项目差额、资本项目差额、国际收支差额等多个指标的行为方程。

其中汇率（包括实际有效汇率和名义汇率）直接影响的方程主要包括出口、外商直接投资、实际有效汇率等，而汇率同时也通过间接的方式影响了进口、经常项目差额和国际收支差额。其中，出口、进口、外商直接投资和实际有效汇率的行为方程如下：

（47）出口

$$Ln(E) = -321 - 0.09Ln(REER) + 0.20Ln(FDI) + 0.17t$$
$$\quad\quad (21.5) \quad\quad (0.13) \quad\quad\quad (0.05) \quad\quad (0.01)$$

$D - W = 1.4$，调整后的 $R^2 = 0.99$。

（48）进口

$$Ln(F) = 0.08 + 0.93Ln(YGDP) + 1.09Ln((E + F)/YGDP)$$
$$\quad\quad (0.5) \quad\quad (0.03) \quad\quad\quad (0.09)$$

$D - W = 1.26$，调整后的 $R^2 = 0.99$。

进口方程中，汇率因素并不明显，主要是由于在我国进口发展中，除了国内需求因素以外，相当一部分是加工贸易进口，表现为与贸易开放度依存度高度相关。

（49）外商直接投资

$$FDI = -838.01 + 0.50FDI(-1) + 0.075BKFCN + 0.009YGDP + 220.18RATE$$
$$\quad (292.7) \quad (0.14) \quad\quad (0.034) \quad\quad (0.004) \quad\quad (61.3)$$

$D - W = 1.57$，调整后的 $R^2 = 0.98$。

（50）实际有效汇率

$$Ln(REER) = 1.18 + Ln(REER(-1)) - 0.04Ln(RATE) + 0.25Ln(XNI) - 0.13Ln(WR)$$
$$\quad\quad (1.13) \quad (0.14) \quad\quad (0.17) \quad\quad\quad (0.44) \quad\quad (0.32)$$

$D - W = 1.28$，调整后 $R^2 = 0.93$。

（51）以美元标价的国际收支差额

$$BP = -116.5 + 1.0 * BCA + 1.27 * BKF + 0.62 * AR(1)$$
$$(54.7) \qquad (0.04) \quad (0.08) \qquad (0.19)$$

$D-W = 1.8$，调整后 $R^2 = 0.99$。

（52）经常项目差额

$$BCACN = 33.72 + 1.14(E - F) + [AR(1) = 0.88]$$
$$(935) \quad (0.05) \qquad (0.14)$$

$D-W = 1.25$，调整后的 $R^2 = 0.99$。

（53）资本项目差额

$$BKFCN = -3785.7 + RATE(-1) + 7176.2D(YGDP) + 7178((E + F)/YGDP)$$
$$(1879) \quad (366) \qquad (5965) \qquad\qquad (5633)$$
$$+ [AR(1) = 0.31]$$
$$(0.3)$$

$D-W = 1.51$，调整后的 $R^2 = 0.46$。

（54）国际收支表误差与遗漏

$$BOMS = BP - BCA - BKF$$

（55）国际收支差额

$$BPCN = BP * RATE$$

（56）以美元标价的经常项目差额

$$BCA = BCACN/RATE$$

（57）以美元标价的资本项目差额

$$BKF = BKFCN/RATE$$

7. 货币财政方程

财政和货币主要包括了货币供应行为方程、财政收入行为方程和财政支出行为方程。

（58）货币供应

$$D(M) = 4.95 + 1.88 \, D(XGDP) + 0.002 \, D(BPCN) - 0.002t$$
$$(3.44) \qquad (0.47) \qquad\qquad (0.001)$$

$D - W = 1.7$，调整后的 $R^2 = 0.55$。

（59）财政支出

$$Ln(GEXP) = -0.17 + 0.97 Ln(GREV) + 0.04 Ln(YGDP)$$
$$(0.06) \qquad (0.03) \qquad\qquad (0.03)$$

$D - W = 1.17$，调整后的 $R^2 = 0.99$。

（60）财政收入

$$Ln(GREV) = -0.14 + 0.90 Ln(GREV) + 0.10 Ln(YIP + YSP) + [AR(1) = 0.50]$$
$$(0.13) \qquad (0.07) \qquad\quad (0.06) \qquad\qquad (0.19)$$

$D - W = 1.52$，调整后的 $R^2 = 0.99$。

（61）政府收入占总产出的比重

$$WGREV = GREV/YGDP$$

（62）财政收支盈余（赤字）

$$ZGBB = GREV - GEXP$$

（63）货币流通速度

$$V = M/XGDP$$

8. 固定资产积累与折旧

资本存量需要计算得到，采用永续盘存法，以 1978 年的资本存量为起点①，考虑 5% 的折旧率，根据各年的固定资本形成，得到各

———————————

① 1978 年的资本存量根据文献得到。

年的资本存量。

（64）实际资本存量

$$XK = 0.95XK(-1) + XIF$$

（65）实际固定资产投资

$$XIF = 100 * IF/PX$$

（66）农业资本存量

$$XKA = XAP/XGDP * XK$$

（67）工业资本存量

$$XKI = XIP/XGDP * XK$$

（68）服务业资本存量

$$XKS = XSP/XGDP * XK$$

8. 变量定义

内生变量：

BCA　　以美元计价的经常项目余额（亿美元，当年价）

BCACN　以人民币计价的经常项目余额（亿人民币，当年价）

BKF　　以美元计价的资本项目余额（亿美元，当年价）

BKFCN　以人民币计价的资本项目余额（亿人民币，当年价）

BOMS　资本项目遗留（亿美元，当年价）

BP　　　国际收支平衡表差额（亿美元，当年价）

BPCN　　以人民币计价的国际收支平衡表差额（亿人民币，当年价）

CG　　　政府消费（亿人民币，当年价）

CP　　　私人消费支出（亿人民币，当年价）

E　　　　出口（亿人民币，当年价）

F	进口（亿人民币，当年价）
FDI	外商直接投资（亿人民币，当年价）
GEXP	政府财政支出（亿人民币，当年价）
GREV	政府财政收入（亿人民币，当年价）
IF	固定资产投资（亿人民币，当年价）
IS	存货投资（亿人民币，当年价）
M	货币发行量（亿人民币，当年价）
NF	农业就业人口（万人）
NI	工业就业人口（万人）
NLF	总就业人口（万人）
NS	服务业就业人口（万人）
PA	农业生产价格指数（2000 年＝100）
PCPI	消费价格指数（2000 年＝100）
PI	工业生产价格指数（2000 年＝100）
PS	服务业生产价格指数（2000 年＝100）
PX	国内生产总值价格平减指数（2000 年＝100）
REER	实际有效汇率指数（1994＝100）
V	货币流通速度
WGREV	财政收入占 GDP 的比重
WNF	农业就业占总就业的比重
WNI	工业就业占总就业的比重
WNS	服务业就业占总就业的比重
WR	职工工资水平（万元，当年价）
WXAP	实际农业产出占总产出的比重
WXIP	实际工业产出占总产出的比重
WXSP	实际服务业产出占总产出的比重

WYAP　　名义农业产出占总产出的比重

WYD　　　收入占总产出的比重

WYE　　　企业收入占总产出的比重

WYIP　　名义工业产出占总产出的比重

WYSP　　名义服务业产出占总产出的比重

XANAP　非农产出占总产出的比重

XAP　　　实际农业产出（亿元，不变价）

XCP　　　实际消费（亿元，不变价）

XGDE　　实际支出法计算的 GDP（亿元，不变价）

XGDP　　实际总产出（亿元，不变价）

XIF　　　实际固定资产投资（亿元，不变价）

XIP　　　实际工业产出（亿元，不变价）

XK　　　资本存量（亿元，不变价）

XKA　　　农业资本存量（亿元，不变价）

XKI　　　工业资本存量（亿元，不变价）

XKS　　　服务业资本存量（亿元，不变价）

XNA　　　农业产出劳动比

XNI　　　工业产出劳动比

XNIS　　非农产业产出劳动比

XNS　　　服务业产出劳动比

XSP　　　实际服务业产出（亿元，不变价）

XYD　　　实际收入（亿元，不变价）

YAP　　　名义农业产出（亿元，当年价）

YD　　　　名义居民收入（亿元，当年价）

YE　　　　名义企业收入（亿元，当年价）

YGDE　　名义支出法计算的 GDP（亿元，当年价）

YGDP　　名义总产出（亿元，当年价）

YIP　　　名义工业产出（亿元，当年价）

YNIS　　名义非农产业产出（亿元，当年价）

YSP　　　名义服务业产出（亿元，当年价）

YOMS　　支出法和供给法计算的 GDP 差额（亿元，当年价）

ZGBB　　政府收支差额（亿元，当年价）

外生变量：

RATE　　人民币兑美元汇率

（二）模型特征与结构

1. 基本特征

中国宏观经济计量模型（1987—2006 年）是以改革开放以来的中国经济为对象制定的一个中等规模的多部门年度宏观模型，目的在于探讨在社会主义市场经济体制建立和完善过程中的宏观经济结构和宏观经济运行。中国宏观经济计量模型的结构与国民产品和收入核算体系（SNA）相一致，模型的参数估计和动态模拟所用的时间序列统计数据的大部分取自《中国统计年鉴》等公开发表的资料或者根据这些统计资料换算而来，人民币实际有效汇率数据取自国际货币基金组织发布的《国际金融统计》（IFS）数据库。

中国宏观经济计量模型的结构型联立方程组（Structural Simultaneous Equation System）由 68 个结构方程式组成，其中恒等式和定义式共 33 个，随机行为方程式和技术方程式共 25 个。众多的随机方程式的设定基本上采用对数—线性函数形式，模型基本上是动态和非线性的。此外，模型在结构上也不存在递归（Recursive）性，内生变量之间的行为关系仅仅为理解它们之间的相互作用提供一个基础，而不能设想为单向因果关系（One-way Causal Relationships）。

实际上，任何内生变量的变动，最终只能由模型联立方程组的解来决定。

中国宏观经济计量模型涉及的宏观经济变量共 69 个，其中内生变量 68 个，外生变量 1 个，即人民币兑美元的汇率。模型参数估计涉及的样本期间为 1987—2006 年，观测值的个数最大为 19 个。模型中所有随机方程的结构参数都采用普通最小平方法（OLS）估计。虽然采用适合于单方程模型估计的普通最小平方法（OLS）来估计联立方程模型的结构参数存在着联立方程偏奇（Simultaneous Equations Bias），但是，由于受自由度不足的限制，难以采用更适合于联立方程模型结构参数估计的二阶段最小平方法（2SLS）或有限信息极大似然法（LIMLE）等估计方法。用普通最小平方法（OLS）估计联立方程模型的优点在于，可以很方便地对模型中的某个随机方程进行重新设定和重新估计，而无须相应调整模型的其他随机方程估计式。并且，经济计量分析的经验表明，在观测值个数较少的小样本情形，用普通最小平方法（OLS）或二阶段最小平方法（2SLS）估计联立方程模型的结构参数，所得到的参数估计值相差不大，这也正是普通最小平方法（OLS）仍为经济计量分析广泛采用的原因之一。

2. 模型结构

我们建立的中国宏观经济计量模型从生产与总产出、劳动力资源配置、价格与工资、国民收入分配、支出与总需求、财政与货币以及固定资产积累与折旧各方面分析了主要宏观经济变量之间相互联系和相互影响的动态结构关系，反映了由生产、分配、使用三个基本阶段的连续循环运动所形成的动态国民经济再生产过程，以及国民经济再生产过程中产品服务流量运动与货币资金流量运动的相互联系和相互影响，探索了改革开放以来形成的计划经济与市场调节相结合的社会主义有计划商品经济体制下的经济运行机制和经济结构，设定并估计了产出、就业、价格、工资、消费、投资、对外贸易、财政收支以及货币流量等众多宏观经济变量之间相互联系和相互影响的数量关系，分析了宏观经济政策所产生的广泛经济效应。因此，这个模型不仅可用于中国经济的现行结构分析，而且可用于经济政策的乘数效应分析和对中国经济的发展趋势预测。

三 模型动态模拟检验

根据建立的宏观联立模型，我们分析所建立的宏观联立模型在1987—2006年样本期间预测内生变量动态运动的总体历史有效性（Overall Historical Validity）。我们主要通过动态模拟（Dynamic Simulation）来检验模型的性能，动态模拟采取高斯—赛德尔迭代算法（Gauss-Seidel Iteration Algorithm）动态求解1987—2006年20年间递归地求解模型的结构型联立方程组（Structural Form Simultaneous Equations System）。以滞后内生变量在1986年的实际值（Actual Value）为初始条件，并给出外生变量在1987—2006年样本期间的实际值序列，递归地解出内生变量在1987—2006年样本期间的模拟值（Simulated Value）序列。在我们的宏观联立方程中，外生变量只有一个人民币兑美元的名义汇率（rate），因此动态模拟就是在给定汇率水平的情况下，模拟主要宏观变量的动态变动情况。通过比较模型的内生变量在1978—2006年间样本的模拟值序列与实际值序列，就可以对模型的历史有效性进行检验。

（一）主要模拟结果

在进行模拟动态运算时，没有出现迭代不收敛现象，在1987—2006年各个年度，平均迭代65次，各个变量即可收敛，说明模型具

表4—1   主要变量模拟结果

内生变量	MPE	RMSPE	S(t)≥A(t)次数
XGDP	0.012	0.029	13
XAP	−0.003	0.014	7
XIP	0.059	0.071	17
XSP	−0.033	0.036	2
YGDP	−0.145	0.145	0
YSP	−0.177	0.179	1
YIP	−0.074	0.100	6
YSP	−0.211	0.211	0
NF	−0.016	0.038	8
NI	0.017	0.044	8
NS	−0.038	0.045	4
PA	−0.176	0.176	0
PCPI	−0.193	0.193	0
PI	−0.126	0.126	0
PS	−0.183	0.183	0
WR	−0.072	0.074	3
XCP	0.081	0.090	18
YD	−0.126	0.126	0
CG	−0.128	0.131	2
IF	0.039	0.120	6
FDI	0.377	0.478	10
E	0.039	0.143	12
F	0.114	0.167	13
GEXP	−0.006	0.053	7
GERV	0.001	0.046	8
M	−0.017	0.072	5
REER	0.116	0.123	17

资料来源：作者计算。

有良好的运算性能和可靠的稳定性。在检验内生变量的动态模拟值序列对实际观测值序列的总体拟合度时，我们采用均值相对误差（Mean Percent Error）和均方根相对误差（Root-Mean-Square Percent Error）来测度动态模拟误差。设 S(t) 和 A(t) 分别为某内生变量在

t 时期的模拟值和实际值，N 为模拟期间的时期数，则均值相对误差
（MPE）和均方根相对误差（RMSPE）分别定义为：

$$MPE = \frac{1}{N} \sum [S(t)/A(t) - 1]$$

$$RMSPE = \frac{1}{N} \sum \{[S(t)/A(t) - 1]^2\}^{1/2}$$

　　模型主要内生变量的动态模拟检验结果如下表所示，表中除列
出主要内生变量在 1987—2006 年样本期间的动态模拟误差 MPE 和
RMSPE 的值外，还列出 S(t) ≥ A(t) 的次数，以便说明模拟值序列
相对实际值序列的运动。

　　均值相对误差（MPE）表示内生变量在样本期间每个时期的模
拟值 S(t) 对实际值 A(t) 的平均相对离差（Average Percentage
Deviation），可用于测度事后预测向上或向下偏奇（Bias）的程度。动
态模拟结果显示，实际工业产出(XIP)、工业就业人数(NI)、实际
消费(XCP)、固定资本形成(IF)、外商直接投资(FDI)、出口(E)、
进口(F)、政府财政收入(GREV)、实际有效汇率(REER) 等变量一
定程度上被高估，其中工业产出和工业就业分别被高估 5.9%、
1.7%，实际消费、固定资本形成、外商直接投资、出口和进口则分
别高估了 8.1%、3.9%、37.7%、3.9% 和 11.4%。除了上述变量以
外，其余变量一定程度上被低估，尤其是价格水平，消费价格指数
(PCPI)、农业生产价格指数(PA)、工业生产价格指数(PI) 和服务
业生产价格指数(PS) 以及平均工资水平(WR) 分别被低估了
19.3%、17.6%、12.6%、18.3% 和 7.2%。价格水平的预测值与实
际值相差较大，在一定程度上是由于价格水平在 1987 年以来变动较
大所导致。由于价格水平被低估，因此名义总产出(YGDP)、名义农
业产出(YAP)、名义工业产出(YIP) 和名义服务业产出(YSP) 也在
一定程度上被低估。均值相对误差的缺陷在于，即使在个别时期模

拟值 S(t) 对实际值 A(t) 有较大的误差，但是只要正负误差在整个样本期间相互抵消，均值相对误差（MPE）便会趋于零。因此，我们同时给出模拟值 S(t) 在样本期间高估实际值 A(t) 的次数，以便说明模拟值序列围绕实际值序列上下波动的情况。例如 FDI 的 MPE 值为 37.7%，误差相对较大，但是其 S(t) > A(t) 的次数为 10 次，占所有观测值的 50%，这说明 FDI 的模拟值是围绕着实际值上下波动，并没有出现发散的现象。

均方根相对误差（RMSPE）测度了内生变量的模拟值与实际值之间的绝对对应程度，是一种广泛采用的检验标准，主要用于评价模拟值序列对实际值序列的总体拟合度。当内生变量在样本期间各时期的模拟值都与实际值重合时，均方根相对误差（RMSPE）便达到其下限而等于零，但是上限却无限制。均方根相对误差（RMSPE）虽然避免了均值相对误差（MPE）因正负误差在样本期间相抵而等于零的缺陷，但却不能用于区别模拟值对实际值的高估或低估。我们模型的动态模拟检验结果表明，如果用均方根相对误差（RMSPE）来检验内生变量在 1987—2006 年样本期间的模拟值序列对其实际值序列的拟合程度，则模型对部门劳动者人数和社会劳动者人数的事后预测精度最高，三次产业的就业人数的模拟值与实际值的误差均不超过 5%；其次是实际产出，除了工业部门的实际产出误差在7.1% 以外，其余误差都在 4% 以内；模型对财政变量和货币变量的预测精度也相当高，财政支出和财政收入的预测精度分别达到了5.3% 和 4.6%，货币供应的预测精度也达到了 7.1%。部分名义变量和价格变量预测精度则相对较差，预测误差在 10%—20% 之间。

（二）主要变量实际模拟值对比

1. 主要实际产出对比

实际产出包括了实际 GDP（XGDP）、实际农业产出（XAP）、实际工业产出（XIP）和实际服务业产出（XSP）。从附图4—1看，拟合最好的是实际 GDP，实际值与模拟值基本重合，偏差很小。但是农业、工业和服务业的实际产出的模拟值与实际值之间则存在一定的偏差，其中偏差较大的是工业产出。由于1995年以后，内外因素的冲击使得工业产出低于潜在产出，尤其是1998年亚洲金融危机的冲击导致了工业实际产出增长出现停滞，从1996—2003年，工业的模拟产出比实际产出有所降低，但随着工业生产的逐步恢复，从2004年开始，工业的模拟实际产出与实际产出之间的差距又开始减小，说明了模型较好的稳定性。

2. 就业对比

就业包括了总就业（NLF）、农业就业（NF）、工业就业（NI）和服务业就业（NS）。从就业的实际值上看，无论是总就业还是分产业就业，变动都比较大。两个原因导致就业较大的波动：一是就业统计口径多次调整，导致就业人数出现大幅变化，例如农业就业人口在1990年初大量增加，导致总就业人口出现相应的大幅调整；二是经济波动和政策变化对就业也有一定的影响，例如1996年以后工业就业出现了一定程度的下降，除了统计口径调整引起就业人数变化以外，更多的是经济波动和政策变化带来大量国有企业职工下岗，导致工业就业持续下降。

由于就业人数变动较大，因此相对于实际产出而言，就业的模拟结果相对较差。附图4—1显示，模拟曲线没有能够描绘出总就业人数突然增加和工业就业人数大幅减少的情景。但是总体来看，模拟结果还是较好地描绘了就业的走势。例如农业就业，模拟曲线先增后减的形状还是在一定程度上拟合了农业实际就业的变动。

3. 财政、货币和汇率指标模拟情况

模拟结果显示，财政支出（GEXP）、财政收入（GERV）和货币供应（M）等三个指标拟合较好，模拟曲线和实际值基本上重合。但自从 2002 年以来，财政收入和货币供应的模拟计算的结果要比实际值略低，说明这几年来的两个指标在一定程度上出现了超常增长，这也是与实际情况较为吻合。但实际有效汇率模拟结果相对较差，尤其是波动情况，模拟曲线并不能很好地描述，一方面是由于实际有效汇率本身波动较大，另一方面也是由于价格变量的模拟结果误差相对较大。

4. 价格变量模拟情况

价格变量包括消费价格指数（PCPI）、农业平减指数（PA）、工业平减指数（PI）和服务业平减指数（PS）。从价格指数实际值的变动来看，从 1992 年开始，由于整体经济过热，各种价格指数出现了较大幅度的增长。而 1998 年以后，内外冲击导致经济陷入整体通缩，除了服务业平减指数以外，价格指数出现了一定程度的下跌，即使是服务业平减指数，增长速度也大大放缓。价格指数的剧烈波动，是导致价格的动态模拟效果较差的直接原因。例如消费价格指数，模拟计算结果只是描绘了消费价格指数的大概走势，对于一些冲击所带来的价格指数的波动，尤其是 1992—1998 年的冲击所带来的价格上涨，模拟无法准确地预测到。

四 1994 年汇率改革对就业等宏观经济变量的影响

（一）就业的汇率弹性分析

运用所构建的宏观联立模型，我们分析就业对汇率变动的弹性。方法是在给定的历史样本区间，以汇率在样本期间的实际观测值为固定的初始条件，通过动态模拟解出就业在模拟区间的动态模拟序列，这种解通常称为控制解（Control Solution）或基线解（Baseline Solution）。然后，设定汇率升值一定的幅度，并在其他条件不变的前提下重新进行动态模拟，解出就业的新的动态模拟序列，这种解通常称作扰动解（Disturbed Solution），最后比较就业的扰动解序列与控制解序列，分析汇率变动下的就业弹性。

设 t 时期某内生变量 Y 的控制解和扰动解分别为 YS(t) 和 YP(t)，则内生变量 Y 关于外生政策变量 X 在 t 时期的动态弹性（Dynamic Multiplier）K(t) 定义为：

$$K(t) = \{[YP(t) - YS(t)]/YS(t)\}/A(t)$$

其中 A(t) 为各期政策变量的变动幅度。在有限的历史样本期间进行政策模拟分析时，动态弹性 K(t) 在样本期间各时期的取值通常并不相同，一般也难以判定动态乘数序列在样本期间的变化规律，或推测动态乘数序列的长期变动趋势。这时，我们不妨用动态弹性 K(t) 在政策模拟期间的均值 K 来测度外生变量变动对内生变量产生的总体弹性效应，并用 K(t) 在政策模拟期间所达到的最小值 KL 和最大值 KU 来说明 K(t) 的变动范围。设政策模拟期间由 N 个时期组成，则 K、KL 和 KU 定义如下：

$$K = (1/N)SK(t)$$
$$KL = \min\{K(t), t = 1,2,\cdots,N\}$$
$$KU = \max\{K(t), t = 1,2,\cdots,N\}$$

按照上述方法，运用建立的宏观联立模型，在 1994—2005 年历史样本区间内，计算就业对汇率的弹性。从模型特点和课题的需要出发，我们主要考虑第二产业和第三产业对汇率的弹性。计算得到表4—2 的结果。由结果可知，在历史模拟区间内，汇率每升值1%，将导致工业就业和服务业就业分别下降0.013%和0.003%，工业就业的汇率弹性要大于服务业就业的汇率弹性。其中工业就业和服务业就业的汇率弹性的最大值分别为 0.016 和 0.006，最小值分别为 0.003 和 0.002。

表4—2 就业关于汇率的动态弹性

年度	工业就业弹性	服务业就业弹性	年度	工业就业弹性	服务业就业弹性
1994	-0.0030	-0.0002	2002	-0.0154	-0.0047
1995	-0.0071	-0.0006	2003	-0.0146	-0.0052
1996	-0.0110	-0.0011	2004	-0.0136	-0.0057
1997	-0.0139	-0.0017	2005	-0.0126	-0.0061
1998	-0.0156	-0.0023			
1999	-0.0164	-0.0030	平均弹性	-0.0130	-0.0032
2000	-0.0165	-0.0036	最小弹性	-0.0030	-0.0002
2001	-0.0161	-0.0041	最大弹性	-0.0165	-0.0061

资料来源：作者计算。

（二）1994 年汇率改革对就业的影响分析

1994 年的人民币汇率改革，对于我国外向型经济的发展起到了一定程度的促进作用，同时，在另一方面也促进了我国就业的增长，加速了农业人口向工业和服务业的转移。在这里，我们主要模拟人民币汇率兑美元汇率维持不变和人民币兑美元汇率一步升值到 8.27 两种情况下，各个主要经济变量尤其是就业的变动情况。

1. 汇率变动对就业的影响分析

计算结果显示，汇率变动加速了我国的工业化进程，从 1994—2004 年，第二产业就业增加 1647.59 万人，并带动服务业就业增加 403.91 万人，二、三产业累计增加就业 2051.49 万人。在二、三产业就业增加的同时，农业就业相应减少 2051.49 万人。工业和服务业人数的增加主要还是由农业转移出来，汇率改革加速了我国的工业化进程。而且分年度的数据显示，服务业人数的增加是由工业所带动的。汇率改革第一年，工业就业增加 23.15 万人，而服务业就业仅仅增加 1.5 万人，随着时间的推进，服务业就业增加。通过简单的 Granger 因果分析也可以知道，工业就业的增加一定程度上可以认为是服务业增加的"因"，服务业就业的增加主要是由工业所带动的。

表 4—3   1994 年汇率改革下的就业变动

单位：万人

	农业	工业	服务业		农业	工业	服务业
1994	-24.65	23.14	1.51	2000	-228.55	187.74	40.81
1995	-62.18	57.51	4.68	2001	-251.08	199.69	51.39
1996	-102.32	92.96	9.36	2002	-271.13	208.23	62.9
1997	-140.03	124.6	15.43	2003	-289.23	213.93	75.3
1998	-173.59	150.83	22.76	2004	-305.8	217.27	88.53
1999	-202.93	171.69	31.24	合计	-2051.49	1647.59	403.91

资料来源：作者计算。

表 4-4   工业就业与服务业就业的 Granger 因果分析

零假设	F-统计值	概 率
服务业就业不 Granger 引起工业就业	3.47267	0.0489
工业就业不 Granger 引起服务业就业	0.39152	0.6806

资料来源：作者计算。

2. 汇率变动对其他经济指标的影响

1994 年的汇率改革一定程度增加了 GDP 的产出，从 1994—2004 年，GDP 增长平均提高 0.48 个百分点，而且影响程度先逐渐增强而后减弱。从三次产业来看，汇率变动对工业影响最大，拉动增长 0.85 个百分点，服务业次之，为 0.18 个百分点，即使是就业出现下降的农业，汇率调整对其也有正面的影响，拉动增长 0.11 个百分点。农业产出增长，说明在 2004 年以前，农村还是存在大量的隐性失业，劳动力转移不会对农业产出产生冲击。

汇率改革除了影响供给以外，还增加了消费、投资和进出口等各方面的需求。从需求各项指标来看，消费和投资都有一定幅度的增长，相比之下，投资比消费增长得更高。从 1994—2004 年，汇率改革带动私人消费支出增加 5.72 个百分点，而投资支出则增加了11.39 个百分点。投资的增加，很大程度上是由于工业的快速发展所导致的。这与前面的分析是一致的，汇率改革加速了我国的工业化进程，而且对第二产业的作用要大于第三产业。同样，汇率改革也促进了进出口的增加，出口平均增长 9.25%，而进口增长 8.63%。相比之下，出口比进口增长得更多，汇率改革是顺差增加的重要因素。

表4—5　汇率调整对产出增长的影响

单位：%

	GDP	农业增加值	工业增加值	服务业增加值
1994	0.55	0.08	1.18	0.14
1995	0.83	0.13	1.67	0.22
1996	0.86	0.15	1.64	0.24
1997	0.77	0.15	1.39	0.23
1998	0.64	0.14	1.10	0.21
1999	0.51	0.13	0.83	0.19
2000	0.39	0.11	0.61	0.17
2001	0.30	0.10	0.42	0.15
2002	0.22	0.09	0.28	0.14
2003	0.15	0.08	0.16	0.12
2004	0.09	0.07	0.06	0.11
平均值	0.48	0.11	0.85	0.18

资料来源：作者计算。

表4—6　汇率调整对需求的影响

单位：%

	私人消费	固定资本形成	出口	进口
1994	0.48	6.58	7.41	8.72
1995	1.41	9.29	9.82	11.06
1996	2.60	10.68	10.54	11.29
1997	3.88	11.50	10.59	10.75
1998	5.13	12.00	10.33	9.94
1999	6.27	12.33	9.95	9.09
2000	7.25	12.52	9.51	8.26
2001	8.08	12.62	9.06	7.48
2002	8.76	12.64	8.61	6.76
2003	9.30	12.61	8.18	6.11
2004	9.71	12.52	7.76	5.52
平均值	5.72	11.39	9.25	8.63

资料来源：作者计算。

　　汇率改革除了影响进出口以外，也在整体上促进了我国对外经济的发展。仅仅从 FDI 来看，汇率改革加速了我国 FDI 的流入，与汇率不改革相比，FDI 流入增加了 50% 以上。这些流入的 FDI，绝大部分是发展出口导向工业，尤其是加工贸易。可以说，汇率改革是导致我国国际收支顺差扩大的一个重要因素。

　　与此同时，汇率改革带来了货币供应出现一定程度的增加，货币供应的增长率平均提高了 0.91 个百分点。在货币供应增长率增加的带动下，消费价格指数以及各个产业的生产价格指数也出现了不同幅度的上涨，其中消费价格指数上涨增加 0.60 个百分点。消费价格增长要低于货币供应增长，说明经济体系中的其他因素一定程度上消化了货币供应的增加。

　　3. 1994 年汇率改革的主要评价

　　1994 年的汇率改革，其正面作用要远远大于负面影响。汇率改革促进了我国经济的增长，推动 GDP 提高 0.5 个百分点，从而促进

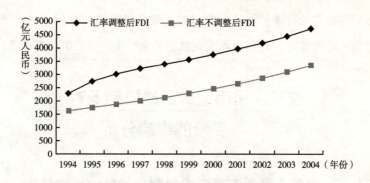

图4—2 汇率调整对 FDI 的影响

表4—7 汇率调整对货币及相关指标增长率的影响

单位：%

	货币	CPI	农业核价指数	工业核价指数	服务业核价指数
1994	1.04	0.45	0.48	0.39	0.46
1995	1.62	0.79	0.93	0.63	0.82
1996	1.61	0.90	1.15	0.66	0.93
1997	1.44	0.88	1.18	0.63	0.90
1998	1.20	0.80	1.10	0.55	0.81
1999	0.96	0.69	0.97	0.47	0.69
2000	0.74	0.59	0.84	0.40	0.58
2001	0.56	0.49	0.71	0.33	0.48
2002	0.41	0.41	0.59	0.28	0.40
2003	0.28	0.33	0.48	0.23	0.32
2004	0.18	0.27	0.39	0.18	0.26
平均值	0.91	0.60	0.80	0.43	0.60

资料来源：作者计算。

了就业，加速了三次产业结构比例的调整，尤其是促进了我国工业增长和工业就业的增加，是加速我国工业化进程的重要推动力。尽管汇率改革带来了货币的相应增加，但是价格增长幅度要低于货币供应增长幅度，汇率改革所导致的通胀压力还是相对较小的。但是汇率改革在促进我国开放型经济发展的同时，其带来的 FDI 持续增加以及国际收支的持续扩大，一定程度上导致了我国的外部失衡。当失衡达到一定程度时，有可能对宏观稳定带来冲击，从而影响到就业。

五 改变人民币汇率形成机制下对宏观变量的影响分析

（一）改变人民币汇率形成机制下的就业影响分析

1994 年汇率改革以后，我国实行的是事实上的盯住美元的汇率制度。1994 年的汇率改革是利大于弊，对于促进我国就业和发展外向型为主导的经济起到了积极的推动作用。但是 1994 年的汇率改革实际上也为国际收支失衡埋下了伏笔。如果是根据宏观指标来调整汇率水平，在劳动力无限供给的情况下，就业结构会产生什么样的变化。

在这里，我们以国际收支平衡作为汇率形成的主要依据，得到汇率形成方程：

$$RATE = 1.46 + 0.83 RATE(-1) - 0.000507 BP(-1)$$

$$(0.69) \quad (0.10) \quad (0.000239)$$

调整后的 $R^2 = 0.78$，$D - W = 2.19$，$F -$统计值为 35.64。

根据调整后的汇率方程，我们将汇率变量内生化，这样整个宏观联立模型就转变成所有变量都是内生变量的宏观方程。在此方程的基础上，我们进行分析。

1. 浮动汇率水平分析

结算结果显示，1994 年的汇率改革存在一定程度上的超贬。如果根据国际收支进行调整汇率水平，那么比较合理的汇率水平是 6.96，而不是 1994 年的 8.62。在整个模拟区间中，随着经济的发展，均衡汇率水平也逐步贬值，一直持续到 2004 年，当时汇率的水平为 8.08。

表4—8　实际汇率水平和模拟浮动汇率下汇率水平对比

单位：人民币/美元

	1994	1995	1996	1997	1998	1999	2000	2001	2002	2003	2004
固定汇率	8.62	8.35	8.31	8.29	8.28	8.28	8.28	8.28	8.28	8.28	8.28
浮动汇率	6.96	7.20	7.41	7.59	7.74	7.86	7.96	8.03	8.07	8.08	8.08

资料来源：作者计算。

同时，尽管在实际经济运行人民币兑美元的汇率保持不变，但实际有效汇率却在不断升值过程中。2000年以前升值幅度还是相对较慢，但2000年以后出现了一个加速的过程。到了2004年左右，尽管固定汇率下的名义值和浮动汇率下的名义值存在一定的差距，但是二者的名义有效汇率已经非常接近。此时，汇率的升值压力达到最大。

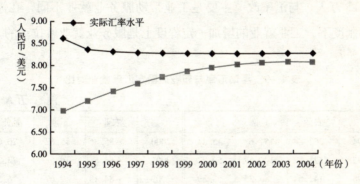

图4—3　实际汇率水平与模拟汇率水平对比

2. 浮动汇率水平下的就业分析

由于假定了劳动力是无限供给的，因此汇率变动对于总就业不会产生影响，但汇率变动对就业结构产生了一定的影响。从就业结构来看，相比一次性超贬，然后维持固定汇率不变，根据国际收支调整汇率，更加有利于农业向工业和服务业转移。从1994—2004年，累计转移农业就业1256.43万人。这也意味着，相比汇率不变，实行浮动汇率，并将汇率维持在一个相对较低的水平，能够增加就

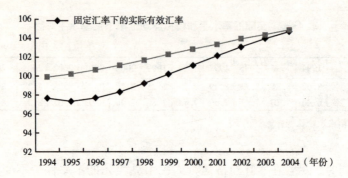

图4—4 不同汇率制下的实际有效汇率水平

业 3000 多万人。从就业结构来看，在浮动汇率下，服务业和工业的就业人数都有增加，服务业增加了 723.29 万人，而工业就业增加了 533.15 万人。与汇率改革主要是工业带动服务业就业不同，在浮动汇率制度下，工业就业的增加一定程度上是服务业就业所拉动的。

表4—9 浮动汇率与超贬后固定汇率就业对比

单位：万人

	农业	工业	服务业		农业	工业	服务业
1994	−202.84	157.6	45.24	2000	−85.86	15.82	70.04
1995	−171.32	120.59	50.72	2001	−83.8	10.5	73.29
1996	−141.64	86.25	55.39	2002	−84.19	7.67	76.52
1997	−118.23	58.74	59.49	2003	−86.18	6.46	79.73
1998	−101.79	38.58	63.22	2004	−89.14	6.2	82.95
1999	−91.44	24.74	66.7	合计	−1256.43	533.15	723.29

资料来源：作者计算。

表4—10 工业就业与服务业就业的 Granger 因果分析

零 假 设	F−统计值	概率
服务业就业不 Granger 引起工业就业	0.9414	0.4052
工业就业不 Granger 引起服务业就业	4.63088	0.021

资料来源：作者计算。

（二）浮动汇率制度下的其他经济指标分析

相比固定汇率浮动汇率更有利于增加就业，但产出指标显示，相比汇率一次性大幅贬值，浮动汇率下的产出将有所放缓，总产出增长将放慢 0.38 个百分点，其中一、二、三产业分别放慢 0.85、0.05 和 0.08 个百分点。产出增长放缓的主要原因是由于浮动汇率制相比固定汇率制，外商直接投资减少 100 亿元人民币，而且直接影响了资本形成。尽管产出放慢，但是在汇率浮动下，私人消费将有所增加。数据显示，相比固定汇率制，私人消费平均每年增加 1500 亿元人民币左右。这说明与汇率一次性大幅贬值然后增加外需导向的就业不同，浮动汇率更有利于促进内需型经济的增长，通过内需经济的增长来增加就业。

表4—11　浮动汇率对产出增长的影响

单位：%

	GDP	农业增加值	工业增加值	服务业增加值
1994	−0.62	−1.68	−0.03	−0.09
1995	−0.83	−1.98	−0.07	−0.15
1996	−0.79	−1.75	−0.08	−0.15
1997	−0.64	−1.35	−0.07	−0.13
1998	−0.48	−0.97	−0.06	−0.10
1999	−0.33	−0.65	−0.05	−0.07
2000	−0.22	−0.42	−0.04	−0.05
2001	−0.14	−0.26	−0.03	−0.04
2002	−0.09	−0.15	−0.03	−0.03
2003	−0.05	−0.08	−0.03	−0.02
2004	−0.03	−0.04	−0.03	−0.02
平均值	−0.38	−0.85	−0.05	−0.08

资料来源：作者计算。

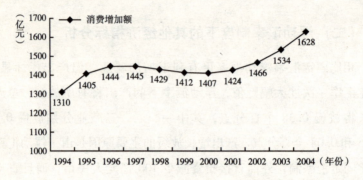

图4—5　消费增加额

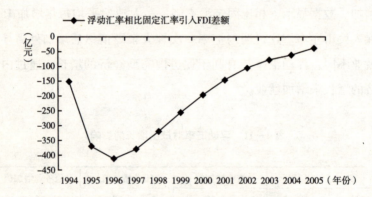

图4—6　不同汇率制下的 FDI 差额

六　2005年以后汇率不同升值方案的影响分析

　　2005年人民币汇率制度开始改革，人民币兑美元汇率开始小幅升值。这次汇改，是顺应我国经济结构调整所作出的正确举措，对于我国实现经济发展方式转变有重要的意义。但是另一方面，在对外依存度较高的情况下，汇率改革对我国出口导向型企业的出口会带来一定的负面作用，考虑这些企业很大比重是劳动密集型产业，因此汇率改革不可避免对我国的就业带来一定的负面影响。

模拟分析为三个情景：情景一是从 2005 年开始，人民币兑美元的汇率保持 8.27 的水平不变；情景二是从 2005 年开始，汇率一次性升值到 5.7，之后保持不变；情景三是从 2005 年开始，到 2020 年，汇率缓慢升值到 5.7，从 2021 年开始，汇率保持不变。

（一）汇率变动对就业的影响分析

1. 对总就业的影响

图 4—7 结果显示，与一般的定性分析相反，尽管影响幅度有限，在现阶段，无论是一次性升值到位还是采取渐进升值的方式，人民币升值都有利于就业的增加。如果一次性升值到位（情景二），相比汇率保持不变（情景一），在 2017 年之前，平均每年增加就业 33 万人左右，2017 年之后，由于多种原因的影响，一次性升值到位对就业的负面影响开始显现，但是总体来看，2020 年之前，一次性升值到位对就业的影响还是正面的。而相比于汇率不升值，缓慢升值（情景三）对就业的影响也是正面的，但是相比一次性升值到位，缓慢升值对就业的影响相对平缓，既不会出现就业的大量增加（如情景二在 2011 年所出现的情况），也不会出现就业大量减少的情况。总体来看，一次性升值到位将比人民币币值保持稳定多增加就业 300 万人，缓慢升值将比人民币币值保持稳定多增加就业 150 万人。

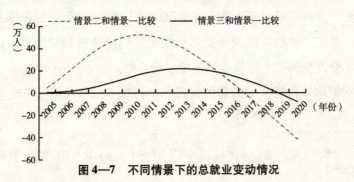

图 4—7　不同情景下的总就业变动情况

2. 汇率调整对各个产业的就业影响分析

在三种情景下，就业比重的变动趋势并没有发生太大的变化：第一产业就业在总就业中的比重持续减少；第二产业也减少，但是相比第一产业，其比重的减少程度要相对较少；第三产业就业在总就业的比重持续上升。而且无论是人民币是否升值，服务业的就业比重在2013年都超过了农业。由于农业的下降速度超过了工业的下降速度，从更长的一个时期来看，在2038年，农业在总就业中的比重将低于工业。当前，这是在经济不发生剧烈变动条件的情况下得出的。但这也说明了一个趋势：无论汇率怎么变动都不会改变就业比重的变动趋势。

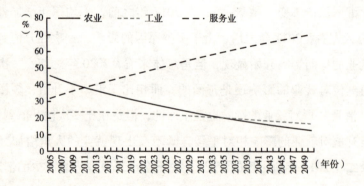

图4—8　情景一下就业比重变动①

分产业的新增就业数据显示，2005—2020年，无论是在哪种情景下，第三产业的新增就业要远远快于第二产业的新增就业。汇率升值不会改变第三产业就业迅速增加的趋势。

在汇率一次性大幅升值的情况下，相对于汇率保持原来的水平

———————————————

① 情景一、二、三的就业比重趋势基本上是一致的，在此处只列出情景一的就业比重变动趋势。

表4—12　不同汇率情形下新增就业情况

单位：万人

年份	第二产业就业			第三产业就业		
	情景一	情景二	情景三	情景一	情景二	情景三
2005	380.61	376.47	380.47	1058.18	1057.84	1058.17
2006	358.71	349.62	358.12	1092.83	1091.89	1092.77
2007	342.04	329.33	340.43	1127.64	1125.98	1127.47
2008	328.96	314.50	325.53	1162.75	1160.35	1162.34
2009	318.21	303.61	313.05	1198.26	1195.15	1197.45
2010	309.01	295.30	302.56	1234.26	1230.48	1233.17
2011	300.85	288.65	293.69	1270.83	1266.44	1269.33
2012	293.48	283.03	286.06	1308.01	1303.08	1306.11
2013	286.72	278.09	279.42	1345.90	1340.46	1343.59
2014	280.48	273.58	273.52	1384.51	1378.65	1381.80
2015	274.70	269.39	268.23	1423.93	1417.66	1420.83
2016	269.35	265.47	263.50	1464.17	1457.56	1460.70
2017	264.39	261.77	259.25	1505.31	1498.38	1501.48
2018	259.83	258.28	255.43	1547.36	1540.14	1543.20
2019	255.60	254.98	251.93	1590.38	1582.88	1585.91
2020	251.71	251.89	248.73	1634.38	1626.65	1629.61

资料来源：作者计算。

不变，第二产业当年的新增就业将减少 8.61 万人，到 2007 年、2008 年，影响程度达到最大，新增就业分别减少 17.36 万人和 17 万人。之后，新增就业减少人数开始减小，2014 年以后甚至变为正值。说明一次性大幅升值，在产业结构调整完成之后，还是有利于第二产业的就业。如果汇率缓慢升值，那么一直到 2020 年，平均每年影响第二产业的就业 5 万人左右。相比一次性升值到位，影响是一个持续的过程，也不会出现就业增加的情况。

在汇率升值的情况下，第三产业的新增就业人数将有所减少。一次性升值到位和匀速升值，平均每年减少就业 7.5 万人和 2.6 万人。但是相比每年超过1000万人的就业，汇率升值的影响可以忽略不计或者被其他外部冲击所抵消。

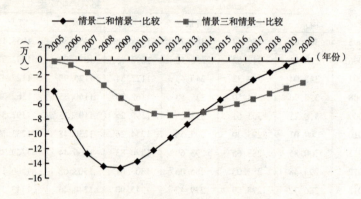

图4—8　不同汇率变动下第二产业新增就业的对比

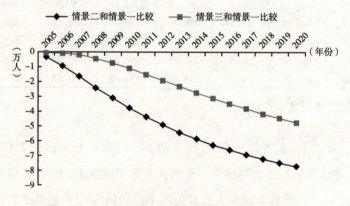

图4—9　不同汇率变动下第三产业新增就业的对比

（二）汇率升值对产出的影响

根据测算，如果2005年不调整汇率水平，继续维持人民币兑美元8.27∶1的水平，2005—2020年我国经济预计将保持年均7.68%的增长率；如果2005年采取一次升值到5.7∶1的汇率水平后保持不变，则我国经济将保持 7.53% 的年均增长率；如果采取渐进升值方式，到 2020 年人民币兑美元升值到 5.7:1，则我国经济年均增长率为 7.59%。具体情况如表 4—13 所示。

表 4—13　不同情景下的 GDP 增长分析

单位：%

	情景一	情景二	情景三		情景一	情景二	情景三
2005	8.62	8.53	8.62	2014	7.52	7.40	7.39
2006	8.26	8.07	8.25	2015	7.48	7.39	7.36
2007	8.03	7.76	8.00	2016	7.44	7.38	7.34
2008	7.88	7.59	7.81	2017	7.41	7.37	7.32
2009	7.78	7.49	7.67	2018	7.37	7.35	7.30
2010	7.70	7.44	7.58	2019	7.34	7.34	7.28
2011	7.65	7.42	7.51	2020	7.31	7.32	7.26
2012	7.60	7.41	7.46	年均增长	7.68	7.53	7.59
2013	7.56	7.40	7.42				

资料来源：作者计算。

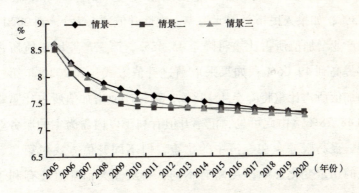

图 4—10　不同汇率情景下的经济增长率变化情况

从表 4—13 中的计算结果可以看出，与汇率不升值的情景一相比，在汇率渐进升值情景三下，经济增长始终低于情景一，这说明汇率升值对经济增长确实存在负面影响。而在情景二下，汇率一次性升值到位则会对经济产生较为明显的减速作用，经济增长率相对于汇率不变的情景一下明显较低，这是因为汇率一次性较大幅度升值将对出口产生较大的抑制作用，从而影响经济增长；但从较长时期看，由于汇率一次性升值对经济产生的冲击作用逐步衰减，而内外需求结构转换又增大了内需对经济增长的支撑作用，最终情景二下的经济增长率将与情景一下的经济增长率趋同。图4—10较为明显地体现了这种趋势。

从三次产业结构变化情况看，无论人民币兑美元汇率升值与否，按2000年不变价计算，到2020年，第一产业增加值占国内生产总值的比重都将降至5.7%左右，但升值与否、一次性升值和渐进升值对第二、第三产业增加值所占比重的影响存在明显不同。如果2005年以后仍维持人民币兑美元8.27∶1的汇率水平不变，第二产业增加值占国内生产总值的比重将从2005年的47.81%降至2020年的45.16%，第三产业增加值所占比重将从40.54%增加到48.33%；如果人民币兑美元汇率一次性升值到5.7∶1，到2020年，第二产业增加值所占比重将降至45.48%，第三产业增加值所占比重将提高到49.06%；如果采取渐进升值方式，到2020年第二产业增加值所占比重将降至45.48%，第三产业增加值所占比重将提高到48.78%。由此可见，汇率升值有利于以内需为主的服务业的发展，提高服务业在经济中的比重，但不同升值方式对第二、三产业的比重变化影响程度略有不同，一次性大幅升值最有利于服务业的发展。

总的来看，汇率变动并不会改变第一、二产业比重逐步下降，第三产业比重逐步上升的长期趋势，但汇率升值会有利于第三产业加快发展，有利于优化三次产业结构。

表4—14 不同情景下产出结构变动

单位：%

	第一产业产出比重			第二产业产出比重			第三产业产出比重		
	情景一	情景二	情景三	情景一	情景二	情景三	情景一	情景二	情景三
2005	11.65	11.66	11.65	47.81	47.78	47.81	40.54	40.57	40.54
2006	11.17	11.20	11.17	47.72	47.61	47.71	41.11	41.20	41.12
2007	10.71	10.75	10.71	47.59	47.38	47.57	41.71	41.87	41.72
2008	10.25	10.31	10.25	47.45	47.13	47.41	42.30	42.56	42.34
2009	9.79	9.88	9.81	47.32	46.88	47.23	42.89	43.24	42.96
2010	9.35	9.45	9.38	47.19	46.65	47.05	43.46	43.90	43.57
2011	8.92	9.03	8.95	47.07	46.44	46.88	44.01	44.53	44.17
2012	8.50	8.62	8.54	46.95	46.25	46.70	44.55	45.13	44.76
2013	8.10	8.22	8.14	46.83	46.07	46.53	45.07	45.71	45.32
2014	7.71	7.83	7.76	46.71	45.91	46.37	45.58	46.25	45.87
2015	7.33	7.46	7.39	46.60	45.77	46.21	46.07	46.77	46.40
2016	6.97	7.09	7.03	46.48	45.64	46.06	46.55	47.27	46.91
2017	6.63	6.75	6.69	46.36	45.51	45.91	47.01	47.75	47.40
2018	6.29	6.41	6.36	46.24	45.39	45.76	47.46	48.20	47.88
2019	5.98	6.09	6.04	46.12	45.27	45.62	47.90	48.64	48.34
2020	5.68	5.78	5.74	46.00	45.16	45.48	48.33	49.06	48.78

资料来源：作者计算。

（三）对外贸顺差和价格的影响

1. 外贸顺差的影响

首先，在内外条件不发生改变的情况下，汇率的调整在短期内不会改变外贸顺差持续扩大的趋势。但是从一个更长时期来看，2018年以后，外贸顺差持续扩大的趋势将得到逆转。

其次，无论什么幅度的汇率升值还是能够减少顺差的程度，随着时间的推移，汇率的升值效应将逐步显现，尤其是一次性升值，对减少顺差的程度最为明显。如果条件不变，到2020年，一次性升值将比不升值减少 36.1% 的顺差，而逐步升值将比不升值减少 10.4% 的顺差。

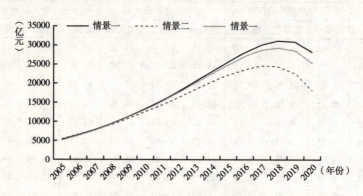

图4—11　不同情景下外贸顺差变动趋势

2. 对价格的影响

在开放经济条件下，汇率升值能够在一定程度上抑制价格的上涨。从模拟结果可以看出两个重要结论，一是服务业平减指数在四种价格指数中上升最快，这说明在未来服务价格的升幅最大，这将引导包括就业在内的国内资源由工业部门向服务业部门转移，从而引起新增就业结构向服务业转移，并促进我国就业总量的增加；二是人民币升值有助于稳定物价水平，以消费价格指数为例，汇率一次性升值和缓慢升值将使居民消费价格指数的上涨幅度分别降低0.2和0.18个百分点。具体变动情况如表4—15所示。

表4—15　汇率变动对价格指数的影响

平均增长速度	情景一	情景二	情景三
农业平减指数	3.17	2.90	3.06
工业平减指数	1.84	1.70	1.78
服务业平减指数	4.10	3.89	4.01
居民消费价格指数	2.92	2.72	2.84

资料来源：作者计算。

（四）当前情况下汇率升值的评价

我们的模型模拟了 2005 年以来人民币升值的情况下，汇率对就业以及其他宏观经济变量的影响。模拟结果显示，尽管在一定程度上会影响二、三产业的就业，但是汇率变动总体上不会改变我国就业结构变动的趋势。而且在情景不变的情况下，汇率变动对于控制价格的过快增长以及调整外贸顺差过大有积极的作用，尽管这种作用需要经过一个较长的时期才会显现出来。

七 模拟主要结论

1. 相比维持 5.7 的汇率不变，1994 年的汇率改革有利于增加第二产业和第三产业的就业 2051.49 万人，其中工业就业 1647.59 万人，服务业就业 403.91 万人，而且服务业就业的增加主要是工业就业增加所带动的。汇率改革一定程度上加速了我国的工业化进程。

2. 1994 年的汇率改革促进了总产出的增加，并且带动了投资、消费和净出口，尤其是对投资的影响要远远大于其他两个需求。

3. 如果按照国际收支调整汇率，汇率将呈现一个逐步贬值的过程，这个过程一直持续到 2004 年。

4. 在浮动汇率制度下，相比一次性贬值，二、三产业就业将增加 1256.43 万人，其中第三产业就业增加为 723.29 万人。而且工业就业的增加主要是由服务业就业增加所带动的。

5. 浮动汇率制下，经济增长略有放缓，很大因素是吸纳的外资相对减少，抵消了资本形成。但同时浮动汇率有利于促进消费，是带动服务业增加的主要因素。

6. 2005 年的汇率改革对二、三产业的就业略有影响，但是不会改变三次产业的就业结构变动的总体趋势，第三产业就业将继续保持一个稳定的增长。

7. 2005 年的汇率改革对经济增长有一定的负面作用，但对于调整外贸顺差有积极的作用，并能够控制价格的过快上涨。

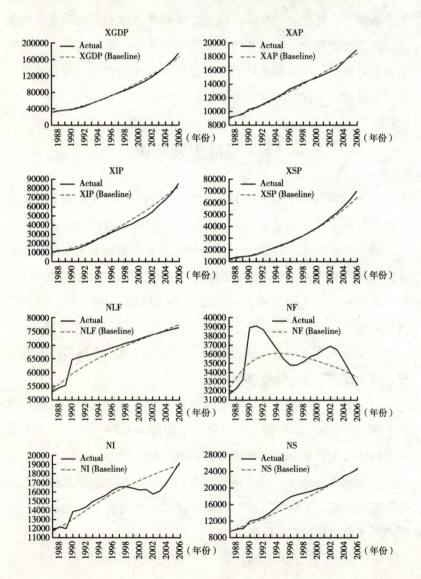

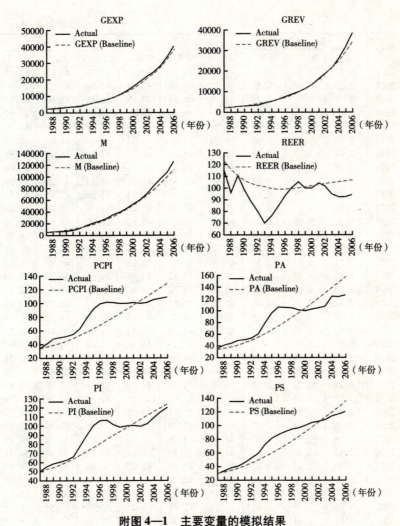

附图4—1 主要变量的模拟结果

附表4—1 不同汇率变动情况下三次产业的产出比重

单位：%

年份	第一产业			第二产业			第三产业		
	情景一	情景二	情景三	情景一	情景二	情景三	情景一	情景二	情景三
2005	11.65	11.66	11.65	47.81	47.78	47.81	40.54	40.57	40.54
2006	11.17	11.20	11.17	47.72	47.61	47.71	41.11	41.20	41.12
2007	10.71	10.75	10.71	47.59	47.38	47.57	41.71	41.87	41.72

年份	第一产业			第二产业			第三产业		
	情景一	情景二	情景三	情景一	情景二	情景三	情景一	情景二	情景三
2008	10.25	10.31	10.25	47.45	47.13	47.41	42.30	42.56	42.34
2009	9.79	9.88	9.81	47.32	46.88	47.23	42.89	43.24	42.96
2010	9.35	9.45	9.38	47.19	46.65	47.05	43.46	43.90	43.57
2011	8.92	9.03	8.95	47.07	46.44	46.88	44.01	44.53	44.17
2012	8.50	8.62	8.54	46.95	46.25	46.70	44.55	45.13	44.76
2013	8.10	8.22	8.14	46.83	46.07	46.53	45.07	45.71	45.32
2014	7.71	7.83	7.76	46.71	45.91	46.37	45.58	46.25	45.87
2015	7.33	7.46	7.39	46.60	45.77	46.21	46.07	46.77	46.40
2016	6.97	7.09	7.03	46.48	45.64	46.06	46.55	47.27	46.91
2017	6.63	6.75	6.69	46.36	45.51	45.91	47.01	47.75	47.40
2018	6.29	6.41	6.36	46.24	45.39	45.76	47.46	48.20	47.88
2019	5.98	6.09	6.04	46.12	45.27	45.62	47.90	48.64	48.34
2020	5.68	5.78	5.74	46.00	45.16	45.48	48.33	49.06	48.78
2021	5.39	5.49	5.45	45.87	45.05	45.34	48.74	49.47	49.21
2022	5.11	5.21	5.17	45.73	44.93	45.20	49.15	49.86	49.63
2023	4.85	4.94	4.91	45.60	44.82	45.06	49.55	50.24	50.03
2024	4.60	4.69	4.66	45.46	44.70	44.93	49.94	50.61	50.42
2025	4.37	4.44	4.42	45.31	44.59	44.79	50.32	50.97	50.79
2026	4.14	4.21	4.19	45.16	44.47	44.65	50.70	51.32	51.16
2027	3.93	3.99	3.97	45.01	44.34	44.51	51.06	51.66	51.52
2028	3.72	3.79	3.77	44.85	44.22	44.36	51.42	52.00	51.87
2029	3.53	3.59	3.57	44.69	44.09	44.22	51.78	52.32	52.21
2030	3.35	3.40	3.39	44.53	43.96	44.07	52.12	52.64	52.54
2031	3.17	3.22	3.21	44.36	43.82	43.92	52.46	52.96	52.87
2032	3.01	3.05	3.04	44.19	43.68	43.77	52.80	53.26	53.19
2033	2.85	2.89	2.88	44.02	43.54	43.61	53.13	53.57	53.50
2034	2.70	2.74	2.73	43.84	43.39	43.46	53.45	53.86	53.81
2035	2.56	2.60	2.59	43.66	43.25	43.30	53.77	54.16	54.11
2036	2.43	2.46	2.45	43.48	43.10	43.14	54.09	54.44	54.41
2037	2.30	2.33	2.33	43.30	42.94	42.97	54.40	54.73	54.70
2038	2.18	2.21	2.20	43.12	42.78	42.81	54.70	55.01	54.99
2039	2.07	2.09	2.09	42.93	42.63	42.64	55.00	55.28	55.27
2040	1.96	1.98	1.98	42.74	42.47	42.47	55.29	55.55	55.55
2041	1.86	1.88	1.88	42.55	42.30	42.30	55.58	55.82	55.82
2042	1.76	1.78	1.78	42.36	42.14	42.13	55.87	56.08	56.09
2043	1.67	1.69	1.69	42.18	41.97	41.96	56.15	56.34	56.35
2044	1.59	1.60	1.60	41.99	41.81	41.79	56.43	56.59	56.61
2045	1.50	1.52	1.51	41.80	41.64	41.62	56.70	56.84	56.87
2046	1.43	1.44	1.44	41.61	41.48	41.44	56.97	57.09	57.12
2047	1.35	1.36	1.36	41.42	41.31	41.27	57.23	57.33	57.37
2048	1.28	1.29	1.29	41.23	41.14	41.10	57.49	57.56	57.61
2049	1.22	1.23	1.22	41.05	40.98	40.93	57.74	57.80	57.85
2050	1.15	1.16	1.16	40.86	40.82	40.76	57.98	58.02	58.08

资料来源：作者计算。

第五章
人民币汇率变动对中国经济的影响
——可计算一般均衡模型分析

  汇率是联系内外部经济的纽带，人民币汇率制度选择与币值确定已经成为当前各方讨论的热点问题。可计算一般均衡模型（Computable General Equilibrium，CGE）广泛应用于分析汇率变动的影响，但是在传统 CGE 模型中仅包含一个汇率变量，而这个汇率变量既不是"国内"货币兑美元汇率，也不是"国内"货币的有效汇率，而是一个"国内"和"国外"间价格的折算指数，与实际经济运行情况难以对应，影响了模拟结果的针对性。在实际经济运行中，美元是全球最主要的储备和结算货币，美元汇率大幅波动对大宗产品价格、国际资本流动及全球贸易等都存在重要影响，因此在人民币汇率变动的模拟中考虑美元汇率因素，无疑可以提高模拟的实证性。本章将在理论分析基础上，建立多边汇率可计算一般均衡模型（Multilateral Exchange Rate CGE，MER-CGE），在模拟中考虑美元汇率波动因素，并设计三个可以相互比较的场景，从而更好地模拟人民币汇率变动对我国宏观经济的影响。

一 简单理论模型及启示

这里使用的简单一般均衡模型（Tyers，2008）是对 IS—LM—BP 模型和 AD—AS 模型的综合和改进，模型中包括总供给函数，对产品市场、劳动力市场和资本市场，以及投资、消费和资本流动等经济行为进行了描述。

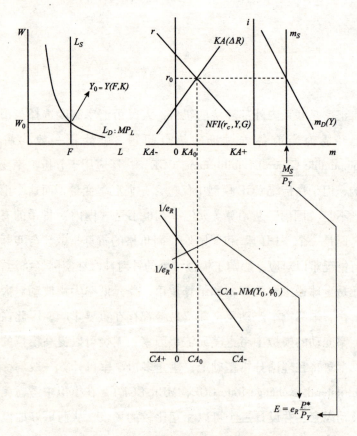

图 5—1　简单一般均衡模型的基本结构

（一）简单一般均衡模型的假设条件和基本结构①

模型的假设条件包括：一是该模型为短期模型，因此资本存量和劳动力供给取固定值，劳动力供给曲线是垂直形状；二是在模型中没有通胀预期，因此名义利率 i 等于实际利率 r；三是模型只包括两种产品，即国产品和进口品。方程② （1）—（7）是模型的行为方程。

$$Y = Y(L,K) = Y(L,\bar{K}) = Y(\overset{+}{F},\overset{+}{K}) \tag{1}$$

$$S_D = S_D(Y,G,r) = [-a_c + c_i t - G + (s^* + \tau)Y] + b_c r = S_D(\overset{+}{Y},\overset{-}{G},\overset{+}{r}) \tag{2}$$

$$I = I(r_c{}^E,r) = \gamma(r_c{}^E - r) + \delta K = I(\overset{+}{r_c{}^E},\overset{-}{r}) \tag{3}$$

$$KA = KA(r,\Delta R) = a_{FS} + b_{FS}(r - r^*) - \Delta R = KA(\overset{+}{r},\overset{-}{\Delta R}) \tag{4}$$

$$X = X(1/e_R) = a_X + b_X \times 1/e_R + c_X Y^* = a_X + b_X \times 1/e_R = X(\overset{+}{1/e_R}) \tag{5}$$

$$M = M(Y,1/e_R) = a_M + b_M \times (1 + \phi)1/e_R + c_M Y = M(\overset{+}{Y},\overset{-}{1/e_R}) \tag{6}$$

$$m_D = m_D(Y,i) = m_D(\overset{+}{Y},\overset{-}{i}) \tag{7}$$

方程（1）是总供给函数，方程形式为柯布—道格拉斯；总产出取决于劳动力需求 L 和资本存量 K，短期内资本存量取固定值，如果劳动力供给 F 等于需求 L，则劳动力市场出清；在经济体系遇到冲击时，由于工资黏性劳动力市场可能不出清。

方程（2）是国内储蓄函数，国内储蓄包括私人储蓄和政府储蓄，二者均与国内收入 Y 和实际利率 r 正相关，政府储蓄和政府消费 G 负相关。

---

① 详细方程结构和推导过程见 http：//teaching. fec. anu. edu. au/econ3054/default. asp？RCC =&RCT，"3. 1：Introduction to the Macro Model"。

② 方程（1）—（10）中，所有斜率系数均为正值。

方程（3）是总投资函数，总投资包括净投资和重置投资，前者正向取决于预期收益率 r_c^E 而负向取决于实际利率 r，后者取决于资本存量和外生的折旧率 δ，由于短期资本存量固定，总投资和预期收益率正相关而和利率负相关。

方程（4）是资本账户函数，资本账户余额等于资本流入和外汇储备增量的差，前者和国内利率正相关而和国外利率 r^* 负相关，国外利率和外汇储备增量是外生变量。

方程（5）是出口函数，出口正向取决于国外收入 Y^*，负向取决于实际汇率① e_R，实际汇率升值即 e_R 增加则出口减少，反之亦然；由于国外收入水平外生，在该模型中出口只取决于实际汇率。

方程（6）是进口函数，进口和国内收入水平、实际汇率正相关，实际汇率升值即 e_R 增加则进口增加，反之亦然；进口关税率 φ 作为实际汇率的调整项，关税率越高则进口越少。

方程（7）是实际货币需求函数，货币需求包括交易需求和投机需求，前者与收入 Y 正相关而后者与名义利率 i 负相关。

方程（8）—（11）是模型的恒等式。

$$NFI = I - S_D = I(r_c^E, r) - S_D(Y, G, r) = NFI(r_c^{\overset{+}{E}}, \bar{r}, \bar{Y}, \overset{+}{G}) \tag{8}$$

$$KA = -CA = M - X$$
$$= [a_M - a_X + c_M Y] - [b_M \times (1 + \phi) + b_X] \times 1/e_R \tag{9}$$

$$m_D = m_S = M_S/P_Y \tag{10}$$

$$E = e_R \times P^*/P_Y \tag{11}$$

方程（8）描述投资储蓄平衡，净国外投资 NFI 等于总投资 I 和国内储蓄 S_D 的差。方程（9）描述国际收支平衡，经常账户 CA 和资本账户 KA 之和为 0，经常项目逆差等于进口减出口。方程（10）

---

① 该实际汇率为间接标价法，即一本币折算外币的数额。

描述货币供求平衡，实际货币需求 m_D 等于实际货币供给 m_S，外生的名义货币供给 M_S 除以国内价格水平 P_Y 等于实际货币供给。方程（11）实际上是名义汇率 E 和实际汇率的折算关系。

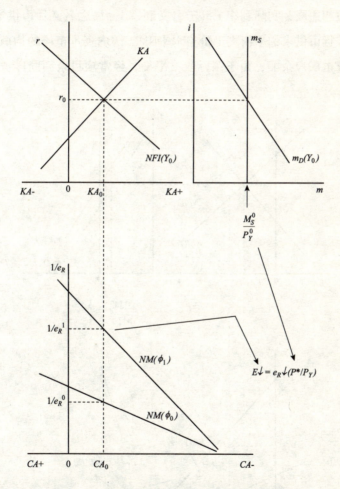

图5—2　所有市场出清情况下汇率变动的影响

在供给方，对总产出函数求一阶导数，可以得到资本的边际产品和劳动的边际产品，后者是劳动力需求函数，劳动力市场出清后，劳动力需求等于供给，可以决定实际工资水平。由于短期内资本存量固定，实际工资水平越高，劳动力需求越小，相应的产出和收入水平随之降低。资本账户余额 KA 构成国内资本市场的供给，净国外投资 NFI 构成国内资本市场的需求，二者决定实际利率水平 r。由于无预期通胀，实际利率 r 等于名义利率 i，加之名义货币供给 MS 外生，货币供求的平衡决定价格水平 P_Y。国内资本市场的均衡也决定了资本账户余额，由于国际收支平衡，经常项目余额同样被确定

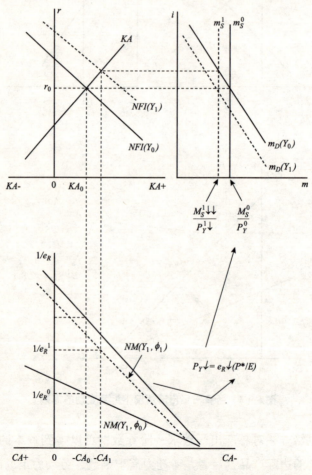

图5—3　存在工资黏性的情况下汇率变动对经济的影响

出来，这样通过净进口曲线 NM 可以确定实际汇率水平。由于国外价格水平 P^* 外生，利用计算出来的实际汇率 e_R 和国内价格 P_Y 可以确定名义汇率 E①。

（二）汇率变动对宏观经济的影响

这里分析实际汇率贬值也就是 e_R 减小对宏观经济的影响，这种实际汇率贬值可以看作是由于削减关税税率 ϕ 所致。在所有市场出清的条件下，劳动力市场出清导致总产出 Y 没有变化，资本市场出清导致实际利率 r 和资本项目余额 KA 没有变化，产出和利率的稳定导致实际货币需求 m_D 没有变化。因此，如果所有市场均出清，则实际汇率贬值无法影响经常项目余额 CA。如果央行以通胀率或名义货币供给为目标，根据公式（10）可以看出在实际货币需求不变的前提下，国内价格水平不会变化，再根据公式（11）名义汇率 E 必然根据实际汇率一起同幅度贬值。如果央行采取汇率目标制，则名义汇率固定不变，根据公式（11）必然要求国内价格水平 P_Y 下滑，由于实际货币需求不变，名义货币供给需要 M_S 跟随 P_Y 同比例下滑。这种情况下，要求工资没有黏性，在国内价格水平下降后能迅速调整以保证劳动力市场的出清。

在工资有黏性的条件下，如果央行以通胀率为目标，则情况和前面分析的一致，CA 不会有变化，如果央行以名义汇率为目标，则汇率的影响将由于产出的变动变得更为复杂。

根据公式（11），如央行以名义汇率为目标，则国内价格水平 P_Y 必随之下降，这时名义工资无法迅速调整，导致实际工资 w 将有所提高，从而引发产出 Y 的下降。产出下降后必然导致私人收入和

---

① 名义汇率按照间接标价法计算。

政府收入的下降，私人消费也会随之下滑，但政府消费固定不变，那么国内总储蓄会减少；导致国内资本市场供不应求，则实际利率上升，资本流入增多，在图示上表现为 NFI 的右移。由于产出下滑导致收入减少，交易动机必随之减少，导致实际货币需求曲线左移，为使货币供求平衡，名义货币供给 M_S 必须比价格水平 P_Y 下降得更多。由于 KA 增加，经常项目逆差也会随之增加，产出 Y 的下滑导致 NM 曲线左移，事实上形成了一种实际汇率升值。

（三）简单一般均衡模型的启示

其一，名义黏性是分析汇率变动对国内影响中的一个首要问题。如不存在名义黏性，则汇率调整不会影响实体经济，对于 CGE 模型而言是一个外生变量选择的问题。价格黏性是汇率能够影响国内经济的最重要的前提条件，是第一性的，至于在汇率影响国内经济的过程中，进出口如何变动，才涉及诸如马歇尔—勒纳条件等问题，因而这些问题是第二性的。

其二，产出的二次效应对于汇率影响非常重要。在一般均衡的框架下，劳动力市场、资本市场和产品市场相互之间紧密联系，汇率调整必然会牵一发而动全身，总产出和总收入的变动会对出口和进口产生直接或间接的影响，汇率变动除了通过相对价格渠道直接影响外贸进出口外，还存在通过产出再次影响外贸进出口的二次效应，这是对局部均衡理论框架的拓展。

其三，CGE 模型的宏观闭合[①]需要根据中国的实际情况进行调整。国际收支的平衡应决定我国的外汇储备水平，经常项目余额和资本净流入的行为方程应当分别设定，而不能通过恒等关系来得出

----

① 闭合主要指由于方程数目和变量数目不相等，需要将恒等式加入模型进行解算。

二者的关系。在一定程度上，不同的宏观闭合条件构成了中国 CGE 模型和外国 CGE 模型的主要区别。

二 多边汇率一般均衡模型的建立方法

（一）模型主要模块

CGE 模型自 20 世纪 60 年代诞生以来，在发达国家和发展中国家都得到了广泛的应用，并被证明是一个非常有效的政策分析工具。MER-CGE 模型共有七个模块[①]，依次为：生产模块、收入分配模块、国内最终需求模块、贸易模块、劳动力市场模块、私人资本市场和宏观闭合模块、价格和 GDP 定义模块。

贸易模块是分析汇率调整对国内经济影响的核心模块，该模块定义了阿明顿商品，即，国产品和进口品的常替代弹性（Constant Elasticity of Substitution，CES）加总，进口产品按照原产地进行了划分，厂商在国内市场和国外市场间进行常转换弹性选择（Constant Elasticity of Transformation，CET）。在需求端，对于国产品和进口品而言，哪种产品价格低，哪种产品需求大；在供给端，对于国内市场和国外市场而言，哪个市场价格高，对哪个市场供给多。在生产模块中，模型使用嵌套的 CES 函数描述整个生产过程，总投入分解为中间投入和增加值，前者进一步分解为国产品和进口品的中间投入，后者进一步分解为劳动者报酬和工资。

在收入分配模块中，居民总收入包括：劳动力报酬、企业利润

---

① 模型详细方程，参见 Peter B. Dixon，B. R. Parmenter，J. Sutton and D. P. Vincent，ORANI：A Multisectoral Model of the Australian Economy，North-Holland，Amsterdam，1982。

分配、资本性收入、利息收入和转移性收入，居民进行消费后的余值为储蓄。国内最终需求包括了两个部分，即居民消费需求和其他国内最终需求，前者使用扩展线形支出系统（Extend Linear Expenditure System）进行描述，后者使用 CES 进行描述。宏观闭合主要描述了政府收支平衡、国际收支平衡和投资储蓄平衡，本书模型在此模块中实现了外汇储备的内生化。CGE 模型是一个一般均衡模型，客观上要求各个市场均出清。目前也有个别 CGE 模型考虑了失业因素，但效果都不理想，仍处于探索阶段。在劳动力市场模块中，供求平衡，劳动力供给逐年增长。

（二）多边汇率的实现方法

建立 MER-CGE 模型，需要开展以下四个方面的工作。一是在贸易模块加入多边汇率，这是多边汇率进入模型最重要的渠道。每个贸易伙伴均使用人民币对其货币的汇率，而非人民币对美元汇率。例如，在我国和欧盟的贸易中，人民币表示的出口价格和进口价格将使用人民币兑欧元汇率，换算成以欧元表示的出口价格和进口价格。二是居民与国外经常转移、工资收入汇回以及政府与国外经常转移均以美元表示，MER-CGE 模型使用人民币兑美元汇率将这些变量换算成人民币。三是国际收支平衡及支出法 GDP 的计算中涉及贸易差额的计算，而 MER-CGE 模型中同各个贸易伙伴的贸易差额以相应的货币表示，这样在计算中需要统一将其换算成人民币，然后根据需要换算成美元进入国际收支平衡式，或直接进入GDP 的计算。四是外汇储备[①]、外商直接投资及国外储蓄均使用美元表示，为简便起见，外商直接投资决定方程使用各个双边汇率的

---

① 模型中是当年外汇储备增加量。

算术平均值。

$$PM_{k,r} = ER_r. \, WPM_{k,r}(1 + \tau_{k,r}^m) \tag{1}$$

$$PE_{k,r}(1 + \tau_{k,X}^{mg})(1 + \tau_{k,r}^e) = ER_r. \, WPE_{k,r} \tag{2}$$

$$YH_h = \underbrace{\sum_l \varphi_{l,l}^h LY_l}_{Labor} + \underbrace{\sum_{kt} \varphi_{kt,h}^h TR_{k,kt}^H}_{Capital} + \underbrace{\sum_{lt} \varphi_{lt,h}^h TY_{lt}}_{Land} + \underbrace{\varphi_{nr,h}^h RY}_{Sector\text{-}specific\ factor}$$

$$+ \underbrace{\sum_e \varphi_{e,h}^h TR_{c,e}^H}_{Enterprise} + \underbrace{PLEV. \, TR_{g,h}^h}_{Transfers\ from\ governmet} + \underbrace{\sum_{h'} TR_{h,h'}^h}_{Intra\text{-}household\ transfers} + \underbrace{ER._{US} TR_{w,h}}_{Foreign\ remittances} \tag{3}$$

$$GY = \underbrace{\sum_k \sum_j \tau_{k,j}^{cp} PA_k XAp_{k,j}}_{Sales\ tax\ on\ intermediate\ demand} + \underbrace{\sum_k \sum_h \tau_{k,h}^{cc} PA_k XAc_{k,h}}_{Sales\ tax\ on\ household\ demand} + \underbrace{\sum_k \sum_f \tau_{k,j}^{cf} PA_k XAf_{k,f}}_{Sales\ tax\ on\ other\ final\ demand}$$

$$+ \underbrace{\sum_k \sum_r \tau_{k,r}^m ER_r WPM_{k,r} XM_{k,r}}_{Import\ tariff\ revenues} + \underbrace{\sum_k \sum_r \tau_{k,r}^e (1 + \tau_{k,X}^{mg}) PE_{k,r} XE_{k,r}}_{Export\ tax\ revenues}$$

$$+ \underbrace{\sum_{lt} \sum_i \frac{\tau_{i,lt}^{ft} PT_{i,lt} T_{i,lt}^d}{1 + \tau_{i,lt}^{ft}}}_{Land\ tax} + \underbrace{\sum_{kt} \sum_i \frac{\tau_{i,kt}^{ft} R_{i,kt} K_{i,kt}^d}{1 + \tau_{i,kt}^{fk}}}_{Capital\ tax} + \underbrace{\sum_l \sum_i \frac{\tau_{i,l}^{fl} W_{i,l} L_{i,l}^d}{1 + \tau_{i,l}^{fl}}}_{Wage\ tax} + \underbrace{\sum_i \frac{\tau_i^{fr} PR_i NR_i^d}{1 + \tau_i^{fr}}}_{Resource\ tax}$$

$$+ \underbrace{\sum_i \tau_i^p PX_i XP_i}_{Production\ tax} + \underbrace{\sum_e \kappa_e^c CY_e}_{Corporate\ tax} + \underbrace{\lambda^h \sum_h \kappa_h^h YH_h}_{Income\ tax} + \underbrace{ER_{US}. \, TR_{W,g}}_{Transfers\ from\ ROW} \tag{4}$$

$$GEXP = YF_{Gov} + PLEV \sum_h TR_{g,h}^H + ER_{US}. \, TR_{g,w} \tag{5}$$

$$YF_{ZIp} + YF_{ZIg} + YF_{DST} = \sum_e S_e^c + \sum_h S_h^h + S^g + ER_{US}. \, S_r^f \tag{6}$$

$$BoP = \left(\sum_r \sum_k ER_r WPE_{k,r} XE_{K,r} \right)/ER_{US} + YF_{TMG} + TR_{W,h} + TR_{W,g} + S^f$$

$$- \left(\sum_r \sum_k ER_r WPM_{k,r} XM_{K,r} \right)/ER_{US} - TR_{g,w}$$

$$\equiv 0 \tag{7}$$

$$FDI = \alpha_{fdi} (RGDPMP/RGDPMP_{-1}^{\theta} * \left(\sum_r ER_r/n \right)^{\phi} \tag{8}$$

$$GDPMP = \sum_k \sum_h (1 + \tau_{k,h}^{cc}) PA_k XAc_{k,h} + \sum_k \sum_f (1 + \tau_{k,f}^{cf}) PA_k XAF_{k,f})$$

$$+ \sum_k \sum_r ER_r WPE_{k,r} XE_{k,r} - \sum_k \sum_r PM_{k,r} (1 + \tau_{k,M}^{mg}) XM_{k,r}) \tag{9}$$

$$INDEX = \frac{\sum_{k,r} (ER_r/ER_{US}) WPE_{k,r} XE_{k,r} / \sum_{k,r} XE_{k,r}}{\sum_{k,r} (ER_r/ER_{US}) WPM_{k,r} XM_{x,r} / \sum_{k,r} XM_{k,r}} \tag{10}$$

方程（1）和（2）分别定义了以本币表示的进口价格 PM 和出口价格 PE。在双边汇率框架下，世界进口价格 WPM 和出口价格 WPE 均使用美元表示。在 MER-CGE 模型中，ER_r 是直接标价法下人民币对各个贸易伙伴的名义汇率，这样世界进口价格 WPM 和世界出口价格 WPE 也使用各个外币表示。

方程（3）定义了居民总收入 YH，在 MER-CGE 模型中，该式的转移项使用 ER_{US} 转换成人民币。方程（4）定义了政府总收入 GY，关税收入计算使用了多边汇率 ER_r，来自各个贸易伙伴的进口关税收入使用相应汇率转换为人民币，转移收入使用了 ER_{US} 转换成人民币。方程（5）定义了政府总支出 GEXP，其中对国外的转移使用 ER_{US} 进行相应转换。方程（6）定义了投资——储蓄均衡，对于国外储蓄 S^f，使用 ER_{US} 转换成人民币。方程（7）定义了国际收支平衡，该式以美元形式表示，同各个贸易伙伴的进口和出口需要先换算成人民币，再使用 ER_{US} 转换成美元。方程（8）定义了外商直接投资 FDI，FDI 以美元形式表示，与各个双边汇率的算术平均值相关。方程（9）定义了支出法 GDP，式中对各个贸易伙伴出口使用 ER_r 转换成人民币。方程（10）定义了贸易条件，分子、分母分别是出口价格指数和进口价格指数，这两个指数是出口和进口产品的美元价格按照贸易量加权的平均值。

（三）用各个双边汇率代替单一汇率的合理性

首先，就目前文献看，大量研究表明与我国出口密切相关的是实际有效汇率和外需。何谓实际有效汇率，就是各个双边汇率考虑价格因素后的加权平均值，也就是说，和我国出口相关的不仅仅是人民币兑美元汇率。宏观计量模型的经验表明，出口方程的解释变量主要是外需和相对价格，所谓相对价格，大致上也是实际有效汇率的概念。[①] 事实上，用散点图绘出我国出口和人民币兑美元汇率后，很难得到一个确定的图形。

---

① 参见毕吉耀：《人民币汇率变动对中国就业的影响》，2008 年。

其次，就实际经济运行情况看，其他国家和地区汇率的大幅波动确实可以影响我国外贸。例如，韩元在金融危机中大幅贬值，韩国产液晶面板严重冲击日产和台湾产液晶面板，在一定程度上已经构成倾销，而这种经济关系在传统 CGE 模型中是无法体现的。

第三，就经济运行的一般规律看，美元在很大程度上只是资金结算的中介。比如，韩国企业通过对华出口换取了美元，为了支付工人工资、采购国内料件、缴纳税金，不得不把美元再次换成韩元；其中只有一部分或者用于国外采购料件，或者经过相关程序成为以美元资产形态存在的外汇储备；因此，我国与韩国的贸易既和人民币兑美元汇率相关，又和韩元兑美元汇率相关，或者说又和人民币兑韩元汇率相关。

事实上，MER-CGE 模型的结构与美元是贸易结算货币并不矛盾，只不过是含义更丰富，比如，欧盟厂商自我国进口产品，既会考虑美元兑欧元汇率又会考虑人民币兑欧元汇率，或者说，欧盟厂商决策的依据是以欧元形式表示的我国出口产品价格，而非美元形式的价格，这些变化并不影响双方使用美元结算。

三 模型的基础数据集

CGE 模型的建立要涉及各个产业部门、各种商品、各类家庭以及多种劳动力，一般来讲要使用社会核算矩阵 SAM（Social Accounting Matrix）作为 CGE 模型的基准数据集。SAM 最大的优点之一是它描述了整个社会再生产的循环过程，把"生产—收入分配—消费"联系在一起。可以认为社会核算矩阵是投入产出表的扩展，它在投入产出表中增加了第四象限，补充增加值与最终支出的关系，从而能更全面地刻画经济运行过程。

　　SAM 最重要的数据来源是投入产出表，此外还需要资金流量表和国际收支数据等，以 2005 年投入产出表和其他数据为基础，可建立我国 2005 年社会核算矩阵。数据集的建立分三步：第一，建立宏观 SAM，产业、劳动力、家庭均不作拆分，调整投入产出表和资金流量表的误差后，得到行列平衡的矩阵；第二，在宏观 SAM 的基础上，将产业按照投入产出表的 42 部门进行拆分，劳动力拆分为农业劳动力、城市非熟练劳动力和城市熟练劳动力，家庭首先拆分为城市和农村，其后城市按照人均可支配收入七等分，农村按照人均纯收入五等分拆分，最终得到详细 SAM；第三，参考海关 HS8 位码数据，对进口和出口作了进一步的拆分①，"国外"部门共包括美国、日本、欧盟、东盟、俄罗斯、巴西、印度、澳大利亚、南非和世界其他国家或地区，这样便为实现多边汇率提供了基础。

四　三个模拟场景含义和三个假设条件

（一）三个模拟场景

　　第一个场景——在美元对其他货币汇率维持不变的情况下，人民币汇率单方面对美元升值 10%，并由此导致人民币同步对其他货币升值 10%，可以将该场景理解为人民币单方面调整。

　　第二个场景——人民币兑美元汇率升值 10%，对其他货币汇率维持不变②；背后的经济含义是，美元同步对全球所有货币同步贬值

---

　　① HS 编码和产业部门的对应参考了《中国投入产出表 2005》中的附录 5，中国统计出版社 2008 年版。
　　② 我国外汇市场结构决定了该市场只能形成有效的人民币兑美元汇率，欲使人民币对美元升值而对其他货币维持不变，必然要求美元对其他货币汇率出现变化，下一场景类似。

10%，人民币进行了相应调整，即对美元升值10%，从而实现了对其他货币汇率不变。

第三个场景——人民币兑美元汇率不变，对其他货币升值10%，背后的经济含义是，人民币盯住美元，但美元对其他所有货币同步升值10%，可以将该场景理解为人民币被动升值。

模拟期限自2005年开始，至2014年结束，共十年。这里所列模拟结果均是冲击情形（shock scenario）相对于基准情形（base scenario）的百分比变动（percentage change）①。

（二）模型主要假设及其实现方法

1. 价格黏性假设

由于变量多、跨度大，CGE模型特别是采取递归动态（Recursive Dynamic）的大型CGE模型中引入价格黏性的难度很大。这里采取的原则是尽可能化繁为简，以经济主体的最优化行为为基础，考虑我国实际经济运行情况，在众多不尽合理假设中，选择不合理程度最轻的一个作为研究汇率变动的最终假设。在企业面临不利因素冲击时，根据国际金融危机爆发后我国经济的实际运行情况，企业往往降低工人工资，即使维持现有水平不变，也会采取无薪休假等措施，来减低企业成本。因此，对于资本和劳动两种生产要素而言，劳动在我国目前的情况下总体处于弱势，资本收益率的黏性要高于工资。考虑到短期和中长期的均衡问题，可将模型先在价格完全弹性的条件下运转，之后将由此得出的资本收益率值作为分析汇率变动时该变量的外生值，这样相当于厂商在面对冲击时，会调整劳动价格和最终产品价格，以期将资本收益率维持在潜在均衡水平。

---

① 即，（冲击情形中的值－基准情形中的值）/基准情形中的值＊100。

2. 小国假设

在小国假设条件成立的情况下，一国出口产品价格无力影响世界出口价格，如果放松该假设，"小国"变成了"大国"，则一国出口产品价格变动将引起世界出口价格变动。这里使用小国假设继续成立这一假设条件。我国目前仍处于国际产业链低端，主要出口最终消费品。而最终消费品市场具有充分竞争的特点，在这个市场上有太多的参与者，任何一个厂商单独提价都会意味着订单减少、生产萎缩及利润下滑。因此，在面临利空因素冲击时，企业只能通过扩大规模、提高技术水平及提高产品档次等方式化解利空因素的不利影响。整体而言，我国在国际分工中的地位、最终消费品市场的特点及我国出口产品竞争力的现状，决定了我国尚无实力有效影响国际上的最终消费品价格，也就是说小国假设成立①。

3. 一价定律

一价定律是关于在自由贸易条件下国际商品价格决定规律的一种理论，简单地讲就是同一种产品不会有两种价格。对于场景一而言，一价定律默认成立。对于第二个和第三个模拟场景而言，其经济背景包括了美元贬值或升值，就目前经验看，往往引起国际产品价格波动，有必要对一价定律进行更深入的讨论。从短期看，一价定律成立的条件十分苛刻，在实际经济中几乎不存在，因此模型假设其短期不成立。从中长期看，一价定律成立有一定的合理性，汇率变动造成的贸易扭曲不会一直持续下去，会随着国际贸易的开展而得到缓解。对于场景二而言，由于美元贬值10%，模型假设以美元表示的WPE和WPM均下降10%，分三年完成，每年下降10%的1/3。对于场景三而言，由于美元升值10%，模型假设以美元表示的

---

① 该假设对三个场景均成立。当然，不排除我国个别行业可以影响世界出口价格，这也是模型未来拓展的一个重要领域，限于成文时间，这里不进行行业层面的讨论。

WPE 和 WPM 均下降 10%，也分三年完成。对于这两个场景而言，以其他货币表示的 WPE 和 WPM 均维持不变。

五 场景一：人民币主动升值的模拟结果分析

表 5—1　人民币汇率升值 10% 对我国主要宏观经济变量的影响

单位：%

		2005	2006	2007	2008	2009	2010	2011	2012	2013	2014
GDP		-2.19	-2.25	-2.30	-2.35	-2.41	-2.46	-2.51	-2.56	-2.59	-2.6
居民消费		-3.30	-3.40	-3.49	-3.57	-3.64	-3.70	-3.75	-3.80	-3.83	-3.9
总投资		1.96	1.84	1.72	1.59	1.45	1.31	1.16	1.01	0.83	0.7
出口		-3.69	-3.69	-3.69	-3.69	-3.71	-3.72	-3.73	-3.72	-3.69	-3.6
进口		1.33	0.80	0.25	-0.31	-0.89	-1.46	-2.00	-2.48	-2.90	-3.2
贸易差额		-8.05	-7.00	-6.22	-5.64	-5.18	-4.82	-4.52	-4.25	-4.01	-3.79
贸易条件		0.00	0.00	0.00	0.00	0.00	0.00	0.00	0.00	0.00	0.00
FDI		-1.27	-1.27	-1.28	-1.28	-1.29	-1.29	-1.30	-1.30	-1.31	-1.31
财政收入		-9.83	-9.91	-9.98	-10.06	-10.13	-10.20	-10.27	-10.33	-10.38	-10.4
价格水平		-0.88	-0.88	-0.88	-0.88	-0.88	-0.88	-0.89	-0.89	-0.89	-0.89
劳动力需求		-0.13	-0.12	-0.12	-0.12	-0.12	-0.12	-0.12	-0.12	-0.11	-0.11
居民收入	农村	-13.37	-13.53	-13.67	-13.80	-13.92	-14.02	-14.12	-14.20	-14.27	-14.3
	城市	-13.01	-13.19	-13.36	-13.51	-13.65	-13.78	-13.90	-14.00	-14.09	-14.2

注：GDP、居民消费、总投资、出口和进口均为实际值；贸易差额、贸易条件和 FDI 均按照外币（美元）价值衡量；财政收入和居民收入按照本币衡量，是名义值；价格水平变动为实际 CPI 值在基准情形和冲击情形中的差，其余为百分比变动。

资料来源：MER-CGE 模型运算。

（一）汇率升值拉低了国内消费价格

汇率升值直接导致我国进口产品价格下滑，而进口产品价格是阿明顿价格的组成部分，必然拉低了国内消费品价格水平。模拟结果显示 2005 年国内 CPI 将下滑 0.88%，此后比较稳定，2014 年 CPI 下滑 0.89%。客观地讲，CPI 的变动幅度并不小，2003 年到 2007 年，我国经济一直处于"高增长、低通胀"的态势，GDP 平均增速在 10% 左右，而 CPI 平均在 3% 以下。国内消费价格下降的原因在于我国同世界经济的联系日趋紧密，经济对外依存度不断提高；在进口产品中既有日常消费品，直接影响消费品价格，又有工业原料和能源资源产品，降低工业生产成本从而间接影响国内消费品价格。

（二）汇率升值不会改变我国的贸易条件

这里的贸易条件是外币表示的出口价格指数与进口价格指数[1]的比值，模拟结果显示，在整个模拟区间，我国的贸易条件均未出现显著变化。考虑到我国处于国际产业链低端，以及最终消费品市场的充分竞争性，这里维持"小国假设"；也就是说世界出口价格外生，不受我国出口价格的影响，或者说，以本币表示的出口价格受汇率影响而出现变动，但这不影响以外币形式表示的出口价格。对于进口而言，石油、铁矿石等主要能源资源产品的价格本质上由供给和需求决定，并且受到美元汇率、投机及地缘政治等因素影响，与人民币汇率变动并不直接相关[2]；因此，以外币形式表示的进口价格同样是不变的。综合对出口和进口价格的分析，我国贸易条件不受汇率变动影响。

---

[1]　出口价格指数是不同出口产品外币价格的按照贸易量的加权平均值，进口价格指数类似。该指数并不进入模型，而是在输出文件中计算。
[2]　参见张哲人：《国际能源资源产品价格走势分析》，《调查研究建议》2009 年第 25 期。

（三）农村和城市居民收入下滑幅度大于 10%，农村下降得更多

根据模拟结果，2005 年农村居民可支配收入①下降 13.37%，城市下降 13.01%，此后随着时间的推移下降幅度均逐步扩大，至 2014 年农村和城市居民可支配收入分别下滑 14.3% 和 14.2%。可见，农村和城市居民收入②下滑幅度均大于 10%，居民收入对汇率的弹性大于 1。在"小国假设"成立的条件下，以本币表示出口价格将随汇率升值而下降，而该价格是国内生产价格的组成部分，国内生产价格必然随之下降。从增加值的角度看，劳动力价格和资本收益率同样也是国内生产价格的组成部分。目前，我国的劳动力相对于资本处于弱势，因此这里设定资本收益率外生；在这种情况下，当汇率升值这一利空因素出现后，为达到利润最大化，企业不得不更多地降低劳动力价格。我国出口产品中，劳动密集产品占有相当比重，对于机电产品和高新技术产品出口而言，我国从事的主要是加工组装环节。因此，由于非熟练劳动力主要来自农村，汇率升值导致出口下滑后，将造成农村居民收入相对于城市更多地下滑。可见，资本收益率具有较强黏性的条件下，汇率升值使得城乡居民收入出现下滑，并且城乡差距扩大。

（四）进口量增加一段时间后转而下滑

根据模拟结果，2005 年进口量增加 1.33%，此后增加幅度逐年

---

① 严格地讲，农村居民是纯收入的概念，这里为方便起见，统一称为可支配收入，下同。

② 由于居民所得税税率和政府转移支付并不随汇率升值而变动，居民收入和居民可支配收入可以大致对等。

减少，至 2007 年仅增加 0.25%，之后进口转而减少，至 2014 年将较基准情形下降 3.2%。一般来讲，进口是收入和相对价格的函数，根据对理论模型的分析，收入对进口的二次影响十分重要。据前文分析，汇率升值后我国居民收入将趋于减少，对进口有抑制作用。模拟结果显示在调整的前三年进口量都是增加的，可以推知相对价格因素有利于进口增加，即进口价格的下降幅度大于国内供给价格 PD，进口产品相对更加便宜；并且模拟前三年相对价格因素的作用是决定性的，此后随着时间的推移，收入开始发挥对进口的决定性作用。

（五）出口量下滑，贸易顺差趋于减少

根据模型结果，2005 年出口量减少 3.69%，此后呈现先扬后抑趋势，至 2011 年出口量下滑幅度增加到 3.73%，此后又逐步减少，至 2014 年下滑幅度为 3.6%，但整体而言，汇率升值对出口的作用还是比较稳定的。据前文对汇率传导机制的分析，出口是国内生产和相对价格的函数。出口价格是国内生产价格 PX 的组成部分，出口价格下滑将导致国内生产价格下滑，进而引发国内生产的下降，对出口产生抑制作用。从相对价格的角度看，世界出口和进口价格均外生，因此以本币表示的出口和进口价格在汇率升值后会出现幅度相同——10% 的下滑，而进口价格相对国内供给价格 PD 下降得更多，那么出口价格也会相对于 PD 更多地下滑，因此相对出口市场企业会更愿意供给国内市场，相对价格对出口将产生抑制作用。由于国内生产和相对价格对出口的作用方向相同，而收入和相对价格对进口的作用相反，因此在一定程度上出口的变动幅度要大于进口。在进口和出口共同作用下，我国的贸易顺差将趋于减少，2005 年较基准情形下滑 8.05%，此后顺差缩减幅度以较快的速度缩减，至 2014 年下滑 3.79%。

（六）居民消费下滑，私人投资上升[①]

根据模拟结果，2005 年居民消费下降 3.3%，此后下滑幅度逐步扩大，至 2014 年将下降 3.9%；而投资则在 2005 年增加 1.96%，此后增加幅度逐步减少，至 2014 年将增加 0.7%。由于汇率升值后居民收入将大幅下滑 10% 以上，而国内消费价格是国内供给价格和进口产品价格的 CES 加总，其变动幅度应小于进口价格的变动幅度，也就是说必然小于 10%[②]，这样居民收入将相对于消费价格更多地下滑，消费量因而会随之减少。可见，在我国目前劳动力和资本的力量对比的情况下，汇率升值并不能起到增加居民消费的作用。投资是储蓄的函数，这样实际投资便是名义投资或名义储蓄和投资价格的函数。居民储蓄和企业储蓄是我国总储蓄中最主要的组成部分，居民储蓄会随着居民收入的下降而减少，模拟结果显示 2005 年居民储蓄将下降 13.25%，基本与居民收入的下滑幅度相仿；企业储蓄受资本收益率黏性假设的影响，下滑程度要小于居民储蓄，2005 年仅下滑 3.1%。投资价格与阿明顿价格直接相关，2005 年投资价格指数[③]较基准情形将下滑 8.56%，这样名义总储蓄的下滑幅度要小于投资价格的下滑幅度，因而实际投资在冲击情形中较基准情形将有所增加。基本结论是，人民币汇率升值导致我国实际投资增加，这一方面是由于进口原材料价格下降，降低了企业投资成本，另一方面是由于资本收益率存在黏性，企业储蓄相对而言下滑得少。从另一个角度讲，顺差减少意味着对外储蓄输出减少，可供国内投资的储蓄增加。

[①] 消费和投资均为实际值。
[②] 各种产品以本币表示的进口价格在汇率升值 10% 后，将直接减少 10%。
[③] 这是一个相对价格的指数，并不是投资价格的年变动率。

（七）实际 GDP 较基准情形下降，资本流入、劳动力需求和财政收入随之变动

模拟结果显示，2005 年实际 GDP 较基准情形下降 2.19%，此后下滑幅度逐年扩大，至 2014 年下滑幅度将达到 2.6%。从支出的角度看，消费、出口和进口的变动均会拉低 GDP，私人投资变动对 GDP 有促进作用。从生产的角度看，GDP 的下滑意味着国内增加值及国内生产的减少；从收入的角度看，GDP 的下滑意味着国内总收入的降低。GDP 的变动也对进口、消费等变量存在影响，这点前文已有分析论述，最终模拟结果来自于模型向新的均衡点的迭代。

受国内生产下滑的影响，2005 年劳动力需求下滑 0.13%，此后变动幅度比较稳定，至 2014 年下滑 0.11%。模型中，劳动力需求和劳动力价格共同构成企业成本，因此二者在一定程度上呈现此消彼长的态势，以工资为主要组成部分的居民收入下滑幅度逐年扩大，

表 5—2　人民币汇率升值 10% 对我国外贸的影响

单位：%

类别	国家或地区	2005	2006	2007	2008	2009	2010	2011	2012	2013	2014
出口	日本	-5.66	-5.50	-5.33	-5.16	-4.99	-4.83	-4.66	-4.49	-4.32	-4.15
	美国	-6.16	-6.16	-6.19	-6.24	-6.31	-6.37	-6.41	-6.42	-6.37	-6.27
	欧盟	-5.92	-5.96	-6.03	-6.12	-6.22	-6.32	-6.40	-6.44	-6.42	-6.33
	东盟	-5.57	-5.69	-5.85	-6.06	-6.29	-6.53	-6.74	-6.89	-6.97	-6.97
	韩国	-5.05	-4.95	-4.88	-4.81	-4.76	-4.72	-4.68	-4.64	-4.58	-4.50
	中国台湾	-3.98	-4.03	-4.12	-4.25	-4.41	-4.59	-4.76	-4.90	-4.98	-5.01
	俄罗斯	-2.58	-2.26	-1.91	-1.52	-1.12	-0.70	-0.29	0.09	0.43	0.72
	南非	-2.37	-2.18	-2.00	-1.83	-1.67	-1.52	-1.39	-1.27	-1.16	-1.07
	巴西	-2.71	-2.56	-2.43	-2.32	-2.22	-2.14	-2.07	-2.00	-1.94	-1.87
	澳大利亚	-3.16	-2.94	-2.71	-2.48	-2.24	-2.01	-1.79	-1.59	-1.40	-1.24
	世界其他国家或地区	-1.74	-1.74	-1.73	-1.72	-1.71	-1.70	-1.69	-1.66	-1.63	-1.58

续表

类别	国家或地区	2005	2006	2007	2008	2009	2010	2011	2012	2013	2014
进口	日本	1.45	0.86	0.22	−0.46	−1.17	−1.89	−2.59	−3.22	−3.76	−4.18
	美国	1.35	0.74	0.10	−0.58	−1.28	−1.97	−2.63	−3.23	−3.75	−4.16
	欧盟	2.20	1.59	0.93	0.23	−0.49	−1.22	−1.92	−2.56	−3.12	−3.58
	东盟	4.21	3.75	3.25	2.70	2.11	1.51	0.91	0.36	−0.11	−0.50
	韩国	1.90	1.36	0.78	0.18	−0.43	−1.04	−1.63	−2.15	−2.60	−2.96
	台湾	1.17	0.59	−0.02	−0.65	−1.29	−1.93	−2.54	−3.08	−3.55	−3.91
	俄罗斯	3.57	3.06	2.52	1.96	1.39	0.82	0.27	−0.23	−0.66	−1.02
	南非	1.75	1.09	0.41	−0.29	−0.98	−1.67	−2.32	−2.92	−3.44	−3.88
	巴西	−0.51	−1.14	−1.76	−2.35	−2.91	−3.43	−3.91	−4.33	−4.68	−4.98
	澳大利亚	0.44	−0.16	−0.76	−1.35	−1.92	−2.46	−2.95	−3.39	−3.76	−4.06
	世界其他国家或地区	0.04	−0.38	−0.79	−1.19	−1.56	−1.92	−2.24	−2.52	−2.75	−2.94

注：出口和进口为实际值。

资料来源：MER-CGE 模型运算。

而劳动力需求的下滑幅度则逐年减少。由于 GDP 下滑，加之汇率升值导致 FDI 的本币加之减少，在冲击情形中，FDI 流入有所减少，但幅度比较有限，大致在 1.3% 左右。受居民收入、工业生产、进口等变量下滑的影响，政府财政收入较基准情形有较大幅度的下降，2005 年政府财政收入减少 9.83%，至 2014 年逐步扩大到 10.4%。

（八）与贸易伙伴的进口和出口同总进口和总出口的变动方向基本相同

表 3—5 中的数据显示了我国同美国、日本、欧盟、东盟、韩国、台湾地区、俄罗斯、南非、巴西、澳大利亚及其他贸易伙伴的贸易变动情况。对于出口而言，我国同各个贸易伙伴的出口均有所减少，降幅超过 5% 的包括美国、日本、欧盟、东盟、韩国，降幅在 2%—5% 之间的有台湾地区、俄罗斯、南非、巴西、澳大利亚，降

幅在2%以下的是其他贸易伙伴。对于进口而言，在调整前三年增幅最大的东盟和俄罗斯，均超过3%；其次是美国、日本、欧盟、韩国、台湾地区、南非，增幅在1%—3%之间；来自澳大利亚和其他贸易伙伴的进口增幅不足1%，来自巴西的进口自2005年便开始减少；来自上述贸易伙伴的进口大致在调整后的2—3年开始减少，基本与总进口的变动趋势相同。综合出口和进口情况，对美国、欧盟的顺差将有所减少，对东盟、韩国、台湾地区等的逆差将有所扩大。对主要贸易伙伴出口减少，进口先增加后减少的原因基本与前文的分析一致，是总产出、总收入及相对价格等因素共同作用的结果。

六 ｜ 场景二：美元贬值情况下人民币升值的模拟结果分析

整体而言，模拟结果比较符合理论分析，如果"一价定律"在中长期成立，那么人民币这种调整方式对我国实体经济的长期影响十分有限。不难推断，如果把价格调整期延长，比如延长到5年或8年，并不会影响模型的长期结果。具体来看，人民币汇率的这种调整方式对我国宏观经济大致有以下几方面的影响。

（一）调整第四期开始，宏观经济受到的影响急剧缩小

例如，GDP在第三期将下降0.17%，第四期则下降0.004%，至第十期下降0.001%；居民消费在第三期将下降0.34%，第四期则下降0.08%，至第十期下降0.05%；劳动力需求在第三期将下降0.04%，此后受到的影响均为0；因此，长期而言实体经济受到的影响可以忽略不计了。前文的理论分析表明，如果产品价格具有充分

的弹性，那么美元汇率的调整将引起世界产品价格相应调整，这种情况下，我国出口产品和进口产品的本币价格不会发生变化，使得人民币汇率对国内经济最重要的传导途径无法发挥作用，汇率变动只能通过资本流动、经常转移及前几期调整的滞后影响对国内经济发挥作用，因此影响将十分微弱。

表5—3　人民币对美元升值10％而对其他货币汇率不变的宏观经济影响

单位：%

		2005	2006	2007	2008	2009	2010	2011	2012	2013	2014
GDP		−0.54	−0.38	−0.17	−0.004	−0.003	−0.003	−0.002	−0.001	−0.001	−0.001
	居民消费	−0.90	−0.65	−0.34	−0.08	−0.08	−0.07	−0.07	−0.06	−0.06	−0.05
	总投资	0.44	0.27	0.11	−0.03	−0.03	−0.03	−0.03	−0.03	−0.03	−0.03
	出口总额	−1.76	−1.31	−0.68	0.06	0.06	0.06	0.05	0.05	0.05	0.04
	进口总额	−1.80	−1.75	−1.23	−0.06	−0.05	−0.04	−0.03	−0.03	−0.02	−0.02
贸易差额		3.88	4.99	6.15	7.26	7.24	7.23	7.21	7.20	7.19	7.19
贸易条件		−0.05	−0.14	−0.12	0.00	0.00	0.00	0.00	0.00	0.00	0.00
FDI		−0.15	−0.13	−0.11	−0.09	−0.09	−0.09	−0.09	−0.09	−0.09	−0.09
财政收入		−1.44	−1.04	−0.58	−0.01	−0.01	−0.01	−0.01	−0.01	0.00	0.00
价格水平		−0.11	−0.08	−0.05	−0.001	−0.001	−0.001	−0.001	−0.001	0.000	0.000
劳动力需求		−0.08	−0.06	−0.04	0.00	0.00	0.00	0.00	0.00	0.00	0.00
居民收入	农村	−1.68	−1.20	−0.61	−0.03	−0.03	−0.03	−0.02	−0.02	−0.02	−0.02
	城市	−2.27	−1.68	−0.95	−0.20	−0.18	−0.17	−0.16	−0.15	−0.14	−0.14

注：同表5−1。
资料来源：MER-CGE模型运算。

（二）人民币这种升值方式对我国宏观经济的负面影响要小得多

场景二描述的也是一种升值方法，即仅对美元升值；如果从有效汇率的角度出发，场景二中的人民币有效汇率升值幅度要小于场景一。整体升值幅度小的直接影响是场景二的价格波动小于场景一，价格水平在调整当年较基准情形下降 0.11%，而场景一中的这一数字是 0.88%。消费者价格下滑幅度减小导致生产者价格幅度也会减小，汇率因素对经济增长的负面影响也会降低，在场景二中 GDP 在调整当年较基准情形下降 0.54%，而场景一中这一数字是 2.19%。目前，整体而言我国居民收入的最主要组成部分是工资①，而工资又是生产者价格的重要组成部分，在场景二中，农村和城市居民收入在调整当期分别较基准情形下降了 1.68% 和 2.27%，而在场景一中二者的下滑幅度要超过 13%。

（三）出口先减少后微弱增加，进口一直处于减少状态

在场景一中，出口一直处于减少状态，是汇率因素和国内生产共同作用的结果；进口则先增加后减少，主要系居民收入下降过多所致②。在场景二中，从中长期看，由于"一价定律"的成立，我国出口和进口产品的美元价格较基准情形没有发生变化，而资本流动、经常转移等因素导致国内价格趋于下降，例如，居民来自国外的转移收入减少，导致需求下降，进而拉低国内价格。因此，相对于国内产品，出口产品和进口产品价格均有所提高，虽然国内生产也有微弱的下滑，但在相对价格作用下出口转而增长，进口则受国内收入和相对价格的共同作用而趋于减少。由于汇率影响国内经济最主要的渠道无法发挥作用，出口和进口受到的影响十分微弱，呈现逐步降低趋势，至第十期，出口增加 0.04%，进口减少 0.02%。

---

① 在所有模拟场景中，所得税率等外生变量均未发生变化，在场景二中，劳动力需求下降得也十分有限，可以认为工资是居民收入的决定因素。

② 模型假设资本收益率为黏性，工资不得不下降更多，详见前文论述。

事实上，可以从另一个角度理解场景二中出口和进口中长期的模拟结果，场景二背后包含美元的贬值因素，虽然人民币对美元进行了相应调整，名义上有效汇率还有所升值，但中长期出口和进口的变动还会在一定程度上体现人民币贬值的影响。

从短期看，模拟前三年，出口分别下滑了 1.76%、1.31% 和 0.68%，进口分别下滑了 1.8%、1.75% 和 1.23%，同场景一相比较，

表5—4　人民币对美元不变而对其他货币汇率升值10%的贸易影响

单位：%

类别	国家或地区	2005	2006	2007	2008	2009	2010	2011	2012	2013	2014
出 口	日本	-1.06	-0.76	-0.33	0.06	0.05	0.05	0.05	0.04	0.04	0.04
	美国	-12.66	-8.89	-4.67	0.07	0.07	0.07	0.07	0.06	0.06	0.05
	欧盟	-2.29	-1.77	-0.95	0.07	0.07	0.07	0.07	0.06	0.06	0.06
	东盟	-0.88	-0.80	-0.47	0.06	0.06	0.06	0.06	0.06	0.06	0.05
	韩国	0.40	0.27	0.19	0.04	0.04	0.04	0.04	0.04	0.03	0.03
	台湾地区	-0.04	-0.17	-0.12	0.05	0.05	0.05	0.04	0.04	0.04	0.04
	俄罗斯	0.97	0.80	0.53	0.02	0.02	0.01	0.01	0.01	0.00	0.00
	南非	1.55	1.14	0.66	0.02	0.02	0.01	0.01	0.01	0.01	0.01
	巴西	1.11	0.79	0.46	0.03	0.02	0.02	0.02	0.02	0.02	0.02
	澳大利亚	1.04	0.81	0.52	0.03	0.03	0.02	0.02	0.02	0.02	0.01
	世界其他 国家或地区	0.39	0.24	0.15	0.07	0.06	0.06	0.05	0.05	0.05	0.04
进口	日本	-3.82	-3.08	-1.91	-0.04	-0.03	-0.02	-0.01	0.00	0.00	0.00
	美国	21.47	13.39	6.25	-0.06	-0.05	-0.04	-0.03	-0.02	-0.01	-0.01
	欧盟	-2.69	-2.32	-1.53	-0.05	-0.04	-0.03	-0.02	-0.01	-0.01	-0.01
	东盟	-3.70	-2.97	-1.86	-0.04	-0.03	-0.02	-0.02	0.00	0.00	-0.01
	韩国	-4.02	-3.24	-2.01	-0.05	-0.04	-0.03	-0.02	-0.01	-0.01	-0.01
	台湾地区	-4.06	-3.27	-2.01	-0.05	-0.04	-0.03	-0.02	-0.01	0.00	0.00
	俄罗斯	-3.81	-3.09	-1.94	-0.05	-0.04	-0.04	-0.03	-0.02	-0.01	-0.01
	南非	-6.04	-4.70	-2.80	-0.08	-0.06	-0.05	-0.04	-0.03	-0.03	-0.02
	巴西	-4.75	-3.67	-2.16	-0.11	-0.10	-0.09	-0.08	-0.07	-0.07	-0.07
	澳大利亚	-5.40	-4.14	-2.43	-0.08	-0.07	-0.06	-0.05	-0.04	-0.04	-0.04
	世界其他 国家或地区	-4.67	-3.53	-2.04	-0.09	-0.08	-0.07	-0.06	-0.05	-0.05	-0.04

注：出口和进口为实际值。

资料来源：MER-CGE 模型运算。

除了国内生产、国内收入及相对价格等因素外，不同贸易伙伴间的替代也是出口和进口呈现上述特点的重要原因。人民币对美元升值而对其他货币汇率维持不变，导致相对于其他市场的产品价格，以本币表示的针对美国市场的出口和进口产品价格均有所下降，那么对美国出口将相对下降，而自美国进口则会相对提高。模拟结果显示，调整前三年，对美出口下滑 12.66%、8.89% 和 4.67%，远大于其他贸易伙伴的变动幅度；对其他贸易伙伴出口变动幅度不一，对欧盟、日本、东盟等出口下降，而对南非、澳大利亚、巴西等出口增加，由于出口增加的贸易伙伴在我国总出口中份额相对较小，总出口在调整前三年处于下降中。对于进口而言，调整前三年，对美进口增加 21.47%、13.39% 和 6.25%，而其他贸易伙伴的进口由于美国产品的替代效应以及国内收入等因素均处于减少中，但变动幅度小于美国，也就是说，对美进口的增加无法弥补其他贸易伙伴进口的减少，总进口还是处于减少中。

（四）贸易顺差不降反增

在场景一中，即在人民币对包括美元在内的所有货币升值 10% 的条件下，我国贸易顺差趋于减少，这是比较符合一般经济学理论的。在场景二中，模拟前三期我国顺差分别增加 3.88%、4.99% 和 6.15%，第四期到第十期，顺差的增加幅度由 7.26% 逐步降低到 7.19%，整体而言，随着"一价定律"关系的逐步确立，顺差增加幅度将加大。对于场景二而言，人民币有效汇率也在升值，只不过是升值幅度相对于场景一要小，但顺差不降反增，这与不同贸易伙伴间的替代和美元汇率的变动密切相关。

短期看，对于中美贸易而言，对美出口大幅减少而进口则大幅增加，中美顺差必然是趋于减少。对于同其他市场的贸易而言，数据显示，由于不同市场间的相互替代，来自这些市场的进口在调整前三期处于减少状态，出口则变动不一，既有增加的也有减少的，但幅度小于进口，也就是说，同这些市场的贸易余额是向顺差扩大或逆差减少的方向调整。更为重要的是在 MER-CGE 模型中，同美国之外贸易伙伴的顺差和逆差均以相应的外币衡量，总顺差则以美元衡量，而美元对这些货币均贬值了10%，因此，我国同美国之外市场间顺差增加或逆差减少的效应被美元贬值因素扩大化，并最终超过对美顺差的减少，使总顺差处于增加状态。中长期看，同样存在美元贬值因素，加之由于各个市场间替代效应的消失，对美出口同总出口变动趋势一致——由降转增，对美顺差转而扩大，因此总顺差增加幅度大于"一价定律"成立之前。

（五）贸易条件初期有所恶化，外商直接投资流入有所减少

在场景一中，由于"小国假设"的成立，人民币单方面升值无法影响世界出口和进口价格，我国的贸易条件将不会发生变化。在场景二中，"小国假设"依然成立，但美元调整引起世界出口和进口价格变动，"一价定律"不再成立，贸易条件将由此改变。数据显示，调整前三年贸易条件分别下滑了0.05%、0.14%和0.12%，此后由于"一价定律"成立，相对于基准情形没有变化。对于场景二而言，贸易条件发生变化的原因复杂，包括由于不同市场间产品替代引起的贸易份额变动、由于美元汇率波动引起的不同市场相对价格的变动以及模型"一价定律"假设的实现方法等因素，从公式上看难以确定其变动方向①。可以从一般意义上理解贸易条件恶化这一

---

① 也就是说，考虑美国进口份额增加、出口份额减少、其他市场的出口和进口产品美元价格提高以及美国市场出口和进口价格梯次变动等因素后，无法直接得出分子、分母谁变动多、谁变动小的确定结论。

模拟结果，即人民币升值的背景是美元大幅贬值，人民币升值无法抵消美元贬值的影响，贸易条件还是会趋于恶化。

在场景二中，外商直接投资（FDI）与场景一的变动趋势类似，都是趋于下降。调整前三年，FDI 分别下降 0.15%、0.13% 和 0.11%，此后下滑幅度维持在 0.09%。整体而言，FDI 的下滑程度低于场景一，在场景一中 FDI 历年下滑幅度均大于 1%。在 MER-CGE 模型中，FDI 是经济增长和各双边汇率平均值的函数，而这两个变量在场景二中的下滑程度，特别是经济增长在"一价定律"调整完成以后的下滑程度，要小于场景一，因此场景二中 FDI 的变动幅度要小于场景一。FDI 之所以下降的原因同场景一相同，一方面是由于经济增长受到了负面影响，另一方面是由于汇率升值。

（六）城市收入比农村收入下降得多

在场景一中，由于价格黏性假设的存在，及我国特定的产业结构，农村居民收入下降得比城市多；而场景二则恰恰相反，在调整当年，农村居民收入下滑 1.68%，城市居民下滑 2.27%，在"一价定律"调整完成后，城市居民相对农村居民收入下滑得更多，第四期农村居民收入下滑 0.03%，城市居民下滑 0.2%。这和我国经常转移收入的分配结构有关，一般来讲，我国居民得到的国外转移收入主要集中于城市，因此在建立社会核算矩阵的过程中，作笼统的假设，即这些收入均汇给城市居民。在 MER-CGE 模型中，居民来自国外的转移收入以美元衡量，由于人民币兑美元汇率较基准情形升值10%，这些收入的人民币价值将直接减少10%[①]，而农村居民没有这些收入，

---

① 转移收入在模型中是外生变量，各期值均不发生变化。

因此少了一个负面影响收入的因素。特别是"一价定律"调整完成后，国内价格受到影响非常小，作为生产者价格组成部分的工资受到的影响也随之减少，导致这种结构性因素的作用将更加明显。

（七）居民消费一直处于减少状态，总投资则先增加后减少

在模拟前三年，居民消费分别减少了0.9%、0.65%和0.34%，总投资分别增加了0.44%、0.27%和0.11%，和场景二的趋势一致，只是变动幅度要小一些。这两个同汇率不直接相关变量的变动原因与场景一类似，对于居民消费而言，主要是由于资本收益率为黏性，居民收入下滑幅度大于价格下滑幅度；对于投资而言，主要是企业储蓄下滑幅度小于价格下滑幅度。当"一价定律"调整完成后，由于进出口产品价格对国内价格已经没有影响，投资价格下滑幅度非常有限，第四期下滑不足0.001%，而居民储蓄和企业储蓄仍有一定幅度减少，前者下滑0.13%，后者下滑0.08%，导致总投资较基准情形略有下降。居民消费受到的长期影响十分有限，这主要和居民收入的影响相关。

（八）该场景结论评价——充分认识美元汇率贬值对我国经济的影响，"矫枉必须过正"

模型是对现实高度的简化，在模拟过程中，为了确定某些经济关系，有时不得不作出比较主观的假设，比如，"一价定律"调整前三期不成立，第四期到第十期成立，但这不影响对美元贬值因素的分析。在场景二中，美元对所有货币贬值10%，人民币汇率进行了相应调整，对美元升值10%，从而实现同其他货币汇率间的稳定。应当说，这是一个力度很大的调整，人民币有效汇率由贬值转为升

值，然而，美元贬值的影响并不会因此消除。一是我国贸易条件趋于恶化，世界出口和进口产品价格弹性越差，贸易条件恶化时间越长，我国外贸"高价进、低价出"的不合理结构越容易激化。二是虽然有效汇率升值，但贸易顺差趋于扩大，即使在"一价定律"成立后，贸易量受到的影响变得非常微弱，美元贬值还是会造成贸易顺差的扩大。

当然，这种场景的模拟结果也不乏一些对我国经济发展有利的方面，比如，对美顺差会大幅缩减，来自美国的压力会减轻，又如，城乡居民差距趋于缩小。因此，评价这种升值方式对我国经济影响是好还是坏，需要站在国家发展战略的全局上考虑，究竟人民币调整目的是防止顺差扩大、优化贸易条件，还是缩小收入差距、减少对美顺差或扩大消费等等，都会带来不同的评价结果。但有一点是肯定的，如果调整人民币汇率，必须把美元汇率波动考虑进来，如果希望人民币升值来减少顺差，那么在美元贬值的条件下，人民币兑美元汇率必须更大幅度地升值，"矫枉必须过正"。

七 场景三：人民币跟随美元升值的模拟结果分析

整体而言，场景三的模拟结果比较符合前文的理论分析，该场景中变量的长期趋势与场景一非常类似，也就是说，在"一价定律"长期成立的条件下，跟随美元升值（场景三）和主动对美元升值（场景一），对我国经济的长期影响类似，但数据显示跟随美元升值的短期负面影响要小得多。具体来看，人民币汇率的这种调整方式对我国宏观经济大致有以下几方面的影响。

（一）长期看，跟随美元升值对国内经济的影响与单方面对美元升值非常类似

在场景三中，人民币兑美元汇率维持不变，而美元兑其他货币汇率升值 10%，相当于人民币对美元之外的其他货币升值 10%；而在场景二中，人民币兑美元汇率升值 10%，美元兑其他货币汇率维持不变，相当于人民币对所有货币升值 10%。理论分析表明，随着美元升值，以美元计价的世界出口和进口价格将进行相应调整；调整到位后，以人民币表示的出口和进口价格均将下降 10%，这与人民币对所有货币升值 10% 给进出口价格造成的影响相同；也就是说，进出口价格这一人民币汇率对国内经济最重要的传导途径，在场景一和场景三中发挥了相同的作用。

数据显示，场景三中 GDP、居民消费、出口、进口和劳动力需求在调整后第十期分别较基准情况下降了 2.62%、3.80%、3.68%、3.21% 和 0.11%，场景一中上述变量在第十期分别下降了 2.60%、3.90%、3.60%、3.20% 和 0.11%，投资、贸易条件、居民收入和价格水平等变量在两个场景中的长期变动趋势也十分类似。中长期看，各个变量在两个场景中的差别主要来自于资本流动、经常转移等方面，整体比较有限。

表 5—5　人民币对美元不变而对其他货币汇率升值 10% 的宏观经济影响

单位：%

	2005	2006	2007	2008	2009	2010	2011	2012	2013	2014
GDP	-1.49	-1.75	-2.03	-2.35	-2.40	-2.46	-2.51	-2.55	-2.59	-2.62
居民消费	-1.95	-2.47	-2.98	-3.48	-3.56	-3.62	-3.68	-3.73	-3.77	-3.80
总投资	1.42	1.48	1.54	1.62	1.49	1.35	1.20	1.04	0.87	0.68
出口总额	-1.13	-1.97	-2.83	-3.76	-3.77	-3.78	-3.79	-3.77	-3.74	-3.68
进口总额	4.70	3.23	1.59	-0.24	-0.83	-1.40	-1.95	-2.45	-2.87	-3.21

续表

	2005	2006	2007	2008	2009	2010	2011	2012	2013	2014
贸易差额	-9.58	-10.04	-10.57	-11.20	-10.78	-10.44	-10.15	-9.91	-9.68	-9.47
贸易条件	0.78	0.46	0.20	0.00	0.00	0.00	0.00	0.00	0.00	0.00
FDI	-1.10	-1.12	-1.15	-1.18	-1.19	-1.19	-1.20	-1.20	-1.21	-1.21
财政收入	-8.34	-8.88	-9.45	-10.05	-10.12	-10.19	-10.26	-10.32	-10.37	-10.42
价格水平	-0.77	-0.80	-0.84	-0.88	-0.88	-0.88	-0.89	-0.89	-0.89	-0.89
劳动力需求	-0.01	-0.04	-0.08	-0.12	-0.12	-0.12	-0.12	-0.12	-0.12	-0.11
居民收入 农村	-11.38	-12.17	-12.96	-13.76	-13.88	-13.99	-14.09	-14.18	-14.25	-14.31
城市	-10.40	-11.36	-12.32	-13.31	-13.47	-13.61	-13.74	-13.85	-13.94	-14.02

注：同表 5 - 1。

资料来源：MER-CGE 模型运算。

（二）短期看，场景三中实体经济受到的负面影响要小于场景一

对于场景三而言，人民币对美元之外的货币升值了 10%，而在场景一中，人民币对所有货币升值了 10%，因此场景三中人民币有效汇率升值幅度小于场景一。从短期看，在世界进出口价格存在黏性的条件下，有效汇率升值幅度小意味着国内价格下滑幅度小；数据显示，调整前三期，国内价格水平分别下降了 0.77%、0.80% 和 0.84%，小于场景一中价格下滑程度。消费者价格下滑少意味着生产者价格下滑也少，导致国内生产受到的负面影响也会较少；数据显示，调整前三期，GDP 分别下降了 1.49%、1.75% 和 2.03%，而在场景一中相应的数据是 2.19%、2.25% 和 2.3%，大于场景三中的数据。工资是生产者价格的重要组成部分，生产者价格下滑少意味着工资下滑少，导致居民收入下降幅度小；在场景一中，调整前三期农村和城镇居民收入下滑幅度均超过 13%，而在场景三中，上述两变量下滑幅度均不足 13%。居民收入下滑幅度小在很大程度上导致居民

消费下滑少，在场景一中，居民消费降幅超过 3.3%，而在场景三中，调整前三期，居民消费分别下滑了 1.95%、2.47% 和 2.98%。由于实体经济受到的负面影响小，场景三中劳动力需求的降幅明显小于场景一；在场景三中，调整前三期，劳动力需求分别下滑了 0.01%、0.04% 和 0.08%，而场景一中，该变量降幅超过 0.1%。由于实体经济受到的负面影响小，调整前三期财政收入降幅也小于场景一。

（三）"一价定律"调整完成之前，出口受到的负面影响小而进口增加得更多

在场景三中，调整前三期出口分别减少 1.13%、2.97% 和 2.83%，进口分别增加 4.70%、3.23% 和 1.59%；而在场景一中，同期出口则均下滑了 3.69%，降幅大于场景三，进口则分别增加 1.33%、0.8% 和 0.25%，增幅小于场景三。场景三中，出口较基准情况下滑，而进口较基准情况增加，是价格黏性假设、国内生产、国民收入、国内价格和进出口价格共同作用的结果，原因与场景一相同，这里不再重复解释。根据前文的理论分析，出口的决定因素是国内生产和国产品与出口品之间的相对价格。相对于场景一，场景三中国内生产下滑幅度少，对出口有促进作用。对于相对价格而言，由于"一价定律"的影响，以美元表示的对美出口价格维持黏性，导致总出口价格相对于场景一下滑幅度较小；同样，国内价格下滑幅度也要小于场景一。因此，国产品与出口品之间的相对价格对出口的影响难以确定。模拟结果显示，在一个确定因素和一个不确定因素的作用下，场景三的出口降幅小于场景一。进口的决定因素是国内收入和国产品与进口品间的相对价格，与出口类似，国内收入在场景三中降幅相对较少是进口增幅提高的决定因素。基本结论是，相对于单方面对美元升值，跟随美元升值对出口的负面影响

小，而对进口的正面影响大。

表5—6 人民币对美元不变而对其他货币汇率升值10%的贸易影响

单位：%

类别	国家或地区	2005	2006	2007	2008	2009	2010	2011	2012	2013	2014
出口	日本	-3.63	-4.19	-4.71	-5.22	-5.05	-4.88	-4.71	-4.54	-4.36	-4.19
	美国	9.00	3.80	-1.26	-6.31	-6.37	-6.44	-6.48	-6.48	-6.43	-6.32
	欧盟	-2.45	-3.60	-4.83	-6.18	-6.29	-6.39	-6.47	-6.50	-6.47	-6.39
	东盟	-3.86	-4.44	-5.18	-6.12	-6.35	-6.58	-6.79	-6.95	-7.02	-7.02
	韩国	-4.88	-4.85	-4.84	-4.86	-4.81	-4.76	-4.72	-4.68	-4.62	-4.54
	台湾地区	-3.39	-3.56	-3.85	-4.29	-4.45	-4.63	-4.80	-4.94	-5.02	-5.05
	俄罗斯	-3.24	-2.83	-2.28	-1.55	-1.14	-0.72	-0.30	0.08	0.42	0.71
	南非	-3.80	-3.20	-2.56	-1.85	-1.69	-1.54	-1.41	-1.28	-1.18	-1.08
	巴西	-3.59	-3.19	-2.78	-2.35	-2.25	-2.16	-2.09	-2.02	-1.96	-1.89
	澳大利亚	-3.90	-3.52	-3.07	-2.51	-2.27	-2.04	-1.81	-1.61	-1.42	-1.26
	世界其他国家或地区	-1.83	-1.80	-1.79	-1.79	-1.78	-1.76	-1.74	-1.72	-1.68	-1.63
进口	日本	6.46	4.45	2.18	-0.40	-1.13	-1.86	-2.57	-3.21	-3.75	-4.18
	美国	-15.51	-10.67	-5.72	-0.51	-1.22	-1.92	-2.59	-3.20	-3.73	-4.15
	欧盟	6.13	4.43	2.49	0.29	-0.44	-1.18	-1.89	-2.54	-3.10	-3.57
	东盟	8.90	7.10	5.06	2.75	2.15	1.54	0.94	0.38	-0.10	-0.49
	韩国	7.25	5.17	2.85	0.25	-0.38	-1.00	-1.59	-2.13	-2.58	-2.95
	台湾地区	6.60	4.46	2.08	-0.59	-1.24	-1.89	-2.51	-3.06	-3.53	-3.90
	俄罗斯	8.84	6.76	4.51	2.04	1.45	0.87	0.31	-0.20	-0.64	-1.00
	南非	9.80	6.68	3.36	-0.19	-0.90	-1.60	-2.26	-2.87	-3.40	-3.85
	巴西	6.11	3.41	0.63	-2.22	-2.80	-3.33	-3.82	-4.25	-4.61	-4.91
	澳大利亚	7.65	4.82	1.86	-1.25	-1.84	-2.38	-2.89	-3.33	-3.71	-4.02
	世界其他国家或地区	5.98	3.72	1.37	-1.09	-1.48	-1.84	-2.17	-2.46	-2.70	-2.89

注：出口和进口为实际值。

资料来源：MER-CGE 模型运算。

（四）短期内不同进出口市场间出现相互替代，对美出口增加而进口减少

在"一价定律"调整完成之前，由于人民币兑美元汇率维持不变，兑其他货币汇率升值 10%，以本币表示的对美出口价格要高于以本币表示的对其他市场的出口价格，厂商在各个出口市场间将更倾向于供给美国市场，加之总出口由于升值将较基准情况下滑，因此，对美出口增加，而对其他市场出口减少。数据显示，调整当期对美出口增长 9.0%，而对欧盟、日本和东盟等国的出口则分别下滑 3.36%、2.45% 和 3.68%，对其他贸易伙伴出口也有不同幅度的下滑；随着"一价定律"的逐步调整到位，对美出口增幅迅速减少，在调整第三年转为出口下降，此后降幅迅速扩大到 6.3%以上。来自不同市场的进口也发生了相互替代，其原因与进口类似，自美进口产品价格高于其他市场，在总进口增加的前提下，自美进口将减少而自其他市场进口将增加。数据显示，调整当期自美进口减少 15.51%，而来自欧盟、日本和东盟等国的进口则分别增加 6.46%、6.13% 和 8.9%，自其他贸易伙伴进口也有不同幅度的提高。此后随着"一价定律"的调整完成，在企业资本收入维持黏性的假设作用下，来自各个市场的进口最终转为同步下滑。可见，虽然由于出口减少、进口增加，总顺差趋于减少，但对美顺差却将大幅提高。

（五）相对于单方面升值，跟随美元升值导致贸易差额更多地缩减

在场景一中，调整前三期贸易顺差分别减少 8.05%、7.0% 和 6.22%，此后顺差降幅逐年收窄，至第十期减少 3.79%。在场景三

中，调整前三期贸易顺差分别减少 9.58%、10.04% 和 10.57%，第四期降幅扩大到 11.2%，此后逐步收窄，至第十期减少 9.47%。整体而言，场景三中顺差下滑幅度大于场景一，特别是长期顺差缩减幅度更大，这是场景三和场景一的重要区别。短期看，对于中美贸易而言，对美出口大幅增加、进口大幅减少，中美顺差必然趋于扩大；对于同其他市场的贸易而言，进口在调整前三期处于增加状态，出口则同步下滑，因此同这些市场的贸易余额是向顺差减少或逆差扩大的方向调整。更为重要的是在 MER-CGE 模型中，同美国之外贸易伙伴的顺差和逆差均以相应的外币衡量，总顺差则以美元衡量，而美元对这些货币均升值了 10%；因此，我国同美国之外市场间顺差减少或逆差增加的效应被美元升值因素扩大化，并最终超过对美顺差的增加，使总顺差处于减少状态。中长期看，我国总出口和总进口在场景一和场景三中变动幅度非常类似，但场景三中顺差降幅远大于场景一，其原因一方面在于美元升值使得我国同美国之外贸易伙伴顺差[①]的美元价值大幅下滑，另一方面在于随着"一价定律"调整的完成，我国对美顺差由增加转为减少。

（六）"一价定律"调整完成之前贸易条件较基准情况有所改进

数据显示，在场景三中，调整前三期我国贸易条件分别较基准情况提高了 0.78%、0.46% 和 0.2%；此后随着"一价定律"的调整完成，场景三向场景一趋同，在"小国假设"成立的条件下，贸易条件相对于基准情形没有任何变化。在场景二中，短期内贸易条件相对于基准情形有所恶化，背后因素在于美元贬值的大背景，即使人民币

---

① 把美国之外的贸易伙伴看作一个整体，由于我国整体顺差结构，我国对这个整体也是顺差。

兑美元汇率进行了相应的调整，仍旧无法抵补美元贬值的影响，不但贸易条件恶化，顺差还将增加；对于场景三而言，可以认为贸易条件的改善与背后美元升值的大背景密切相关，不但贸易条件改善，顺差还将以更大的幅度下降。从贸易条件的计算公式看，美元对其他货币升值10%，以美元衡量的其他贸易伙伴的产品价格相应下滑10%；而在模型假设下，对美出口和自美进口商品价格在模拟前三期下滑得不足10%，相对于其他市场的进出口产品的价格较高；同时，美国在我国总出口中的份额提高，而在总进口中的份额减少；因此，大致上贸易条件计算公式中分子将相对于分母变大，贸易条件得以改善。

（七）外商直接投资流入较基准情况有所下降

数据显示，调整前三年，外商直接投资流入分别较基准情况下滑了1.10%、1.12%和1.15%，此后逐步扩大到第十期的1.21%。在场景一和场景二中，长期看，FDI分别下降1.31%、0.09%。外商直接投资和国内经济增长和人民币有效汇率①相关。根据模型设定，人民币有效汇率升值幅度按照场景一、场景三和场景二的由高到低顺序排列，国内生产者价格下滑幅度也因此按上述顺序排列，导致国内生产和外商直接投资流入的下滑幅度最终按照上述次序排列。

（八）鱼和熊掌不可兼得，客观认识跟随美元升值的人民币汇率调整方式

由前文的分析可知，相对于主动升值，人民币跟随美元升值的调整方式对国内实体经济的短期冲击要小得多。相对于场景一，无

---

① 公式中是各个名义汇率的算术平均值，大致相当于有效汇率概念。

论是 GDP、居民消费、劳动力需求、出口，还是财政收入、居民收入，下降幅度都较小；同时，人民币升值对我国顺差的调减作用、对进口的促进作用也更为明显；即使在"小国假设"成立的条件下，贸易条件也会有所改善。从长期看，随着"一价定律"的调整完成，各个实体经济变量在两个场景中变动幅度趋于一致。一般来说，货币升值将对出口以及国内经济增长产生冲击；从这个角度讲，相对于主动升值，人民币被动升值无疑是一种更优的选择。

　　然而，事物都具有两面性，鱼和熊掌往往难以兼得。在场景三中，短期内由于国际产品价格具有一定黏性，"一价定律"短期内不成立，各个市场间的贸易产生相互替代，导致对美顺差激增。美国是我国重要的顺差来源地，中美贸易顺差不断扩大是全球经济失衡的重要表现，并由此直接或间接地引起了人民币升值、中美贸易摩擦等一系列问题，成为中美政治经济博弈的重要载体。我国贸易顺差不断扩大，是我国比较优势、要素禀赋与经济全球化相结合的一种结果，具有一定的客观性，但是，也在一定程度上反映了国内投资、储蓄失衡，体现了我国内外经济发展的不平衡。场景三的模拟结果显示，总顺差和对美顺差的调整方向短期内是不一致的，对于场景一而言，虽然实体经济短期内受到的负面影响要大一些，但总顺差和对美顺差的调整方向一致。因此，选择主动升值还是被动升值需要根据国家战略，站在更高的层次加以确定，有一点是肯定的，要么得"鱼"，要么得"熊掌"，二者不可兼得。

八　模拟结果的政策含义

　　实践表明，在当前国内产业结构、汇率制度安排和外汇市场深度与广度下，渐进有序升值对国内经济负面影响相对较小，是比较现实的选择。未来一段时期内，美元仍将主导全球货币体系，也是我国汇率篮子的最重要组成部分。根据 MER-CGE 模型测算，合理选择升值时机，可以趋利避害。

一是"美元升值跟着升"，相对于主动对美元升值，借"势"升值对国内生产总值和出口的负面影响要降低 32% 和 69%，调减顺差的作用则要大 19%，贸易条件也将有更为明显的提升。二是"美元贬值不跟着贬"，相对于同等幅度的主动升值，不跟着贬也就是人民币适当升值，国内生产总值和出口的负面影响要降低 75% 和 53%，虽然顺差有所扩大，但相对于跟着美元贬值要缩小很多。

人民币汇率问题政治化倾向日趋增强，已成为中美博弈的重要载体，美方曾要求在美元贬值时人民币适当升值。研究表明，当在政治和外交上面临升值压力而美元又处于贬值通道时，单纯盯住美元不动非最优选择，相反适当升值既可以满足美方诉求，为下一步博弈赢得资本，又不至于对国内经济造成严重损害，还能防止国际收支进一步失衡。美元汇率受其货币政策影响很大，具有周期波动特点，因此完全有可能在人民币兑美元汇率基本保持单向升值的情况下，通过优化升值时机，实现汇率调整的动态最优。

第六章
人民币汇率政策选择与汇率制度完善

　　在汇率调整这样涉及中国经济运行方方面面的重大问题上，中国不会屈服于外在压力。外在压力只会使得问题复杂化，增加中国有关决策的复杂性。中国将根据本国短期经济运行的需要和中长期发展战略，调整汇率水平，深化汇率形成机制改革。与此同时，由于中国经济的外向度高，不同区域经济发展水平存在巨大差异，增长的矛盾和结构调整的矛盾相互交织，由汇率调整带来的国内利益分配格局调整较为复杂，政府很难全面、准确、及时收集到所有相关信息，这使得有关决策体现出一定的相机决策特征。

一 影响汇率政策调整的基本因素

　　从政治层面考虑，中国的汇率政策选择不能是外部压力的产物，应把人民币汇率形成机制改革及汇率水平变动，与外国的压力切割开来。中国不会因为外部压力调整汇率政策；反过来，也不能陷入误区，因为国外有动静，就讳言升值，致使错失改革良机。应兼顾中国经济运行的短期稳定和谋求长远利益，综合考虑金融市场发育状况，审慎制订相关方案。

改革开放以来，中国经历了持续的大国经济追赶过程，可贸易部门劳动生产率从 20 世纪 90 年代中期以来一直保持强劲追赶势头。依据巴拉萨效应原理，以及德国、日本等大国经济追赶经验，经济长期追赶客观上会导致本币实际汇率趋势持续升值。2005 年汇率形成机制改革以来，人民币实际经历了一个持续渐进升值的过程，这与大国经济追赶过程中对汇率水平变动的内在要求是一致的。从外部平衡和贸易条件状况变化看，2002—2009 年，中国贸易顺差累计达 1.12 万亿美元，与此同时，资本项目持续顺差，外汇储备 2011 年末达 3.18 万亿美元。面对这一局面，中国明确提出了逐步恢复国际收支基本平衡的目标。经济分析表明，导致中国双顺差和储备过量增长的原因是多方面的，虽然汇率调整对国际收支的影响可能十分有限，但从政策取向上看，汇率升值应该符合国际收支调整的基本方向。不仅如此，随着中国进口规模的扩大，升值将降低进口商品的国内人民币价格，增加实际贸易利得，从而对国内进口部门带来好处。从大量使用进口铁矿石、原油的国内厂商，到一般消费品消费者，都将得益于人民币升值。

从宏观政策管理看，国际经济学理论中经典的蒙代尔—弗莱明模型指出，货币政策的有效性、固定汇率制、资本管制的有效性不可兼得。从我国的情况看，事实形成的是"部分有效的货币政策独立性、爬行盯住的汇率制度、单向有效的资本管制"三者的混合型配置。但这种混合配置也带来了一些新的矛盾和问题。货币政策方面，盯住美元的政策使得美联储的利率政策对我国有着巨大影响，人民银行不得不更多依赖数量型工具作为反通货膨胀的手段，避免加息导致对美元利差扩大，给市场更大的无风险套利空间。资本项目管理方面，大量投机资本通过各种渠道持续流入，致使资本项目管制的有效性有所下降。外汇管理部门既要以资本流入为重点实施管理，又不得不时刻注意防止趋势逆转，努力加强流出管理。流入和流出政策出现反复，如，2007 年有关部门向外发出"港股直通车"的政策信号，但当 2008 年上半年，境内 A 股指数不断大幅度下跌时，又不得不对正式的和非正式的资本过快流出设防。五花八门的替代工具调控，各种各样"宏观调控干预微观"的政策，在一定程度上损害了调控当局的权威。增加汇率弹性，将扩大宏观政策空间，提高中国货币政策独立性。

最后，人民币汇率政策的调整有利于做大做强人民币。金融危机后，改革国际货币体制，促进国际货币体系多元化的呼声日益高涨。在提出超主权储备货币观点的同时，我国推出了一系列推进人民币国际化的举措，包括与阿根廷、香港、印度尼西亚、韩国、白俄罗斯、马来西亚等签订货币互换协议，开展跨境贸易人民币结算试点，用人民币购买价值 320 亿 SDR（约 500 亿美元）的 IMF 票据（Notes），在香港发行人民币国债等。人民币国际化的几个轮子都齐备了，但核心市场驱动力依然欠缺，其中，人民币汇率形成机制不够市场化是关键制约。此外，汇率制度的长期僵化，以及持续渐进升值导致的升值预期，还带来一个非常值得关注的潜在风险。目前，境外主体短期持有人民币的意愿主要是着眼于人民币升值，而一旦人民币升值预期消失，这一动力将显著下降，反过来可能形成冲击。从长期看，人民币不能依赖其套利的价值推动国际化，否则将成为第二个日元。

二 不同部门的现实考虑

回顾近十年国内有关争论，分析视角跨越经济学、政治学、哲学等众多学科门类，观点各式各样，但总体上无非支持升值与反对升值两类，内容主要涉及总需求、出口、就业及货币政策独立性等方面。应该说，在汇率这一关乎全局的重大问题上，无部门利益可言，但由于管理能力和视角的差异，部门之间有着不同的现实考虑。在美国体制下，政策争论是公开的，在中国体制下，这些争论则多是通过内部协调方式得到解决。

（一）升值对总需求的影响

从总量上看，反对汇率升值的观点认为，汇率升值将引起出口下降，促使进口增加，同时，汇率升值将降低进口品价格，对国内物价水平或物价上涨率产生向下的压力，总需求下滑与物价下降将导致经济进入通货紧缩。支持汇率升值的观点强调，汇率升值对宏观经济总量的影响需要结合具体的经济形势进行分析。如果外部需求很强劲，经济增长率高于潜在经济增长率，宏观经济处于总需求偏热、偏快，通货膨胀压力较大，那么汇率作为国际收支调节工具，汇率升值将促使总需求回落到潜在增长率水平，即汇率升值有助于经济降温，好比"往热火上浇一瓢水"，为经济起到适当降温的作用。

上述两个观点自身无疑都是正确的，难点在于所有政策都有时滞，而如何准确考察经济走势，从而有预见性地调整汇率政策，成为一个难题。在此，我们只能充当事后诸葛亮，从 2005 年到金融危机之前 2008 年的增长和通胀数据，大致说明当初某些判断的正误。

从 GDP 增长率来看，汇改前三年没有出现因为汇率升值导致经济下滑的现象。图 6—1 是我国 GDP 增长率及 HP 趋势。数据显示，2005 年以来，我国 GDP 增长率一直高于潜在增长率水平，在 2007 年大幅度偏离 HP 趋势值，明显高于潜在增长率，表明我国经济并没有由于汇率升值而出现经济衰退，而且还出现明显过热现象。尽管

2008 年我国 GDP 增长率低于潜在增长率，但这主要是由于金融危机的外部冲击引起我国 GDP 增长的波动，并非由于汇率调整所致。

从物价指数看，2005—2008 年我国并没有出现通货紧缩。图 6—2 是我国消费品生产者价格指数（CPI）走势。数据显示，2005 年以来我国 CPI 都为正值，而且在 2006 年下半年开始快速上升，2008 年 2 月 CPI 同比增幅达到 8.7% 的水平，创下 2000 年以来物价同比增长率最高纪录，通货膨胀问题十分突出。可见，2005 年以来我国并没有出现通货紧缩问题，而且还出现通货膨胀，可以想象，如果没有汇率的升值，那么通货膨胀问题将更加突出。

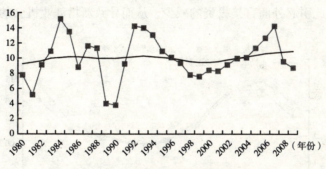

图 6—1　GDP 增长率及 HP 趋势

资料来源：根据《中国统计年鉴》各期整理。

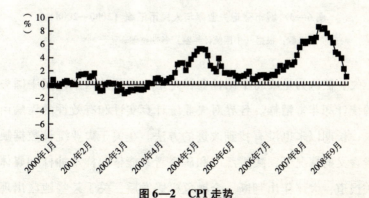

图 6—2　CPI 走势

资料来源：根据《中国统计年鉴》各期整理。

（二）升值对就业的影响

就业是汇率争论的另一重要话题。反对汇率升值的观点认为，汇率变动会通过以下渠道影响出口行业，并导致就业水平的下降。一是汇率升值导致出口企业产品需求下降，促使出口企业降低生产水平或者被迫关闭，最后导致出口规模和就业水平的下降。二是汇率升值将导致进口资本品价格下降，劳动力成本相对提高，企业会减少劳动投入，最终影响就业水平。三是汇率升值导致房地产、基础设施以及服务业、劳动力等相对价格上升，促使外商投资成本上升，由此引起外商直接投资的减少，从而导致新增就业机会的下降。

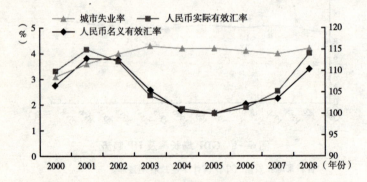

图6—3　城市登记失业率与人民币汇率（2000—2008）

资料来源：根据《中国统计年鉴》各期整理。

失业被认为是威胁中国社会稳定最为重要的因素，但中国失业率的统计却非常糟糕。各界对失业统计真实性和有效性的诟病由来已久，长期以来也没有找到改进的方法。在关于失业统计数据缺乏政策含义的情况下，决策部门和研究者只能依赖样本抽样和媒体的有关报道，大体作出判断。金融危机爆发后，关于某些地区出现大批失业，农民工集中提前返乡的报道，引起各界高度关注，为了维

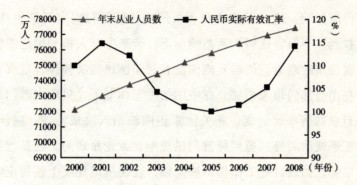

图6—4　年末从业人员数与人民币汇率（2000—2008）

资料来源：根据《中国统计年鉴》各期整理。

护稳定，国家千方百计为出口创造条件。但金融危机后不久，情况就急转直下，中国沿海地区从南到北，出现大面积所谓"民工荒"，而后各地纷纷提高当地最低工资水平。这其中，究竟是包括汇率稳定在内的一系列政策取得了积极成效，还是危机前过高估计了危机对就业的影响，不得而知。

单纯从统计数据看，就业与人民币汇率水平的变动没有关系。图6—4是城市登记失业率与人民币汇率的关系。数据显示，在2005—2008年汇率升值期间，失业率并没有上升，还呈现小幅下降的趋势，表明人民币升值并没有对城镇失业造成负面影响。从劳动力从业人员总数来看，也出现不断上升的趋势，年末从业人员由2004年的7.52亿人上升到2008年的7.74亿人，上升幅度达到3%。这表明汇率升值并没有导致失业的减少，相反，我国就业水平还出现持续上升的趋势。

（三）升值对外向型经济部门的影响

通常来说，外资和外贸主管部门最为关注汇率变动对外向型经济部门的影响。这一关注本身无可厚非，毕竟在现实经济生活中，很难找到在不损害任何人利益情况下，带来所有人福利增进的帕累托改善性质的政策。汇率升值即使有利于国民经济整体，也有可能对某些出口部门带来损害。在中国的决策体制下，只能由部门代表相关行业的利益，否则，相关因素很难被纳入决策考虑。应该说，关于汇率变动对外向型经济部门的影响，无论是政府，还是行业协会、学界，做的研究工作都不够完整，这在一定程度上使得汇率调整进程滞后于经济现实。

2005 年汇改前，"中国很多低端出口企业仅具有承担 5% 升值能力"的判断曾经在各政府部门间广为流传。汇改以来的事实证明，那种静态的测算大大低估了出口企业的生存能力；即便对美元汇率 20% 幅度的升值，也没有打垮沿海的出口机器。2010 年年初，金融危机的影响尚未消散，我们在山东调研发现，即便是在胶东地区，出口企业也面临招工难问题；即使是针织内衣这样纺织行业的低端工厂，订单规模也都高于正常产能。这一局面使人不相信当前低端出口企业升值承受能力 3% 或 5% 的说法，也不支持出台新的财税政策对冲升值影响的设想。

升值对外资流入的影响也是如此。图 6—5 显示的是 2000—2008 年 FDI 实际利用资金与人民币汇率的关系。汇率升值并没有伴随外商直接投资的显著下降，相反，FDI 实际利用资金还呈现显著上升，从 2004 年的 606.3 亿元上升到 2008 年的 924 亿元，绝对额增长 317.7 亿元，上升幅度达到 52.4%。而从 2000 年至 2004 年之间人民币对美元名义汇率保持稳定期间，FDI 实际利用外资金额仅仅增加 199 亿元。这表明汇率升值导致外资下降的说法没有得到我国的经验支持。此外，2005—2008 年人民币汇率显著升值期间，城镇外商投资单位年末从业人数也非但没有下降，反而呈现不断上升的局面。

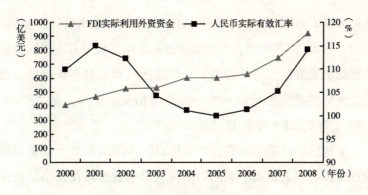

图6—5 FDI 实际利用资金与人民币汇率

资料来源：根据《中国统计年鉴》各期整理。

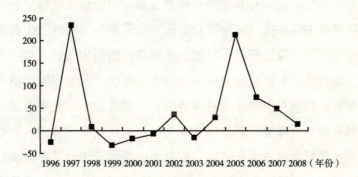

图6—6 贸易顺差年度增幅

资料来源：根据《中国统计年鉴》各期整理。

汇率变动对我国经常项目国际收支的影响，也是人民币升值争论的重要内容。虽然中央明确将恢复国际收支基本平衡作为宏观调控的重要目标，但不可否认，在一些人心目中，仍多少存在模糊认识，认为出口是"好的"，进口是"坏的"。理论上说，汇率升值将损害出口部门的价格竞争力，降低进口商品的国内价格，从而有利于进口部门。至于汇率变动对国际收支的影响较为复杂，只有在符合马歇尔—勒纳条件（Marshall-lener Condition），即，进出口需求弹性之和大于 1 的情况下，汇率变动才能改变国际收支状况。

2005 年到 2008 年间，在汇率渐进升值似乎没有对中国的贸易和国际收支带来值得关注的影响。中国的进口和出口都保持了较快的增长，贸易顺差规模持续增大，但是增幅显著下降，从 2005 年的 210.9% 下降到 2008 年的 13.5%。

以上这些经验事实表明，外界担心的人民币汇率升值对我国经济的负面影响缺乏依据。当然，单纯从简单数据对比得出结论，也很不科学。所有经济理论分析，都是在"其他条件不变"前提下推论经济变量关系，汇率升值影响分析也采用类似方法。然而，现实生活中汇率变动的同时其他条件也会变动，因而运用经济分析结论时，还需要关注拿捏"其他因素变动"与汇率升值同时发生的综合效果。在汇率升值过程中，我国企业更有可能利用比较优势、规模经济、学习效应来较快提升国际竞争力，有助于一定程度抵消升值冲击影响。特别在生产率追赶环境中，一定时期本币汇率升值冲击可能部分甚至全部被"其他因素变动"影响所化解和抵消。总体而言，当前我国总需求增长偏强，就业增速并非低于与宏观均衡相一致的合意水平，劳动力市场还间隔性出现"民工荒"偏紧状态，升值潜在负面冲击就会被市场机制本身力量限制在比较可控范围。

汇率升值对国内进口部门的好处长期被忽略，其中的原因较为复杂。首先，中国进口中有相当部分为加工贸易进口，一进一出，升值不会对这类企业带来好处。其次，国有垄断部门大宗商品进口对汇率变动并不敏感，它们有渠道将所有导致成本上升的因素，向下游产业、向消费者转嫁。第三，对于中小进口企业、广大进口商及劳务消费者来说，在汇率问题上面临所谓"集体行动的困难"，他们自身很难组织起来，同时也没有哪个部门代表他们的利益。最后，多数中国人对汇率问题缺乏理解，他们很自然地认为美国压迫人民币升值是强权政治，误以为只有人民币贬值才符合国家利益，忽视了自身的福利损失。

（四）汇率制度对央行操作的影响

按照目前人民币的汇率形成机制，人民币的汇率水平是由位于上海的中国外汇交易中心通过市场交易确定。交易中心指定若干家参与外汇交易的金融机构和企业。每日开盘前向所有银行间外汇市场做市商询价，去掉最高价和最低价，按照外汇交易中心赋予的权重对所有报价加权平均得出中间价。而后货币当局通过外汇买卖，保持汇率水平在限定范围内浮动。货币当局对参与交易的机构存在多方面制约，有些制约因素是显性的，如外汇头寸管理要求，而有些制约是无形的，如参与交易机构的报价不能"过于离谱"。由于市场升值预期长期存在，货币当局不得不作为市场上外汇的主要买家，抛出人民币，购买市场上的外汇，以维持汇率水平基本稳定，结果导致外汇资产主要由政府持有，官方外汇储备节节攀升。

按照所谓"三元悖论"，固定汇率、资本自由流动、独立的货币政策三者之间存在不可调和的矛盾，各国充其量只能实现这三个目标中的两个。对于中国这样规模的经济体来说，中央银行货币政策的独立性是必须保持的，但按照目前人民币汇率水平的管理模式，人们银行在干预外汇市场的过程中，必须被动大量投放人民币来购买美元，维持汇率稳定的被动投放货币机制与控制国内物价水平的独立货币政策之间具有难以调和的矛盾。

2000 年至 2005 年人民币对美元名义汇率基本保持不变，人民币实际有效汇率还出现小幅贬值的现象，但外汇储备急剧增长，外汇储备占货币供应量 M2 的比重由 2000 年的 9.9% 上升到 2005 年的 22.5%，占比在短短五年时间里翻了一倍多。2005 年以来我国人民币汇率开始渐进升值，外汇储备占 GDP 比重的增长适当放缓，从 2005 年到 2008 年之间上升 6 个百分点，然而，由于之前外汇储备增量已经处于较高水平，因而，人民币汇率渐进升值并没能解决货币政策独立性问题，截至 2008 年，外汇储备占货币供应量 M2 比重达到 28.5%，将近 M2 的 1/3。如果未来人民币升值压力得不到有效释放，那么外汇储备占 M2 比重将持续上升，中央银行货币政策独立性将进一步降低。

表 6 – 1   2000—2009 年人民币汇率与外汇储备及其占 M2 比重

年份	人民币对美元汇率水平（元/美元）	人民币对美元升值幅度（%）	人民币实际有效汇率指数	人民币实际有效汇率升值幅度（%）	外汇储备余额（十亿美元）	外汇储备增量（十亿美元）	外汇储备占货币供应量 M2 的比重（%）
2000	8.28	0.0	109.9	0.4	165.6	10.9	9.9
2001	8.28	0.0	115.0	4.6	212.2	46.6	11.1
2002	8.28	0.0	112.2	-2.4	286.4	74.2	12.8
2003	8.28	0.0	104.2	-7.1	403.3	116.8	15.1
2004	8.28	0.0	101.0	-3.0	609.9	206.7	19.9
2005	8.19	1.0	100.0	-1.0	818.9	208.9	22.5
2006	7.97	2.8	101.4	1.4	1066.3	247.5	24.6
2007	7.61	4.8	105.2	3.8	1528.2	461.9	28.8
2008	6.95	9.5	114.1	8.4	1946.0	417.8	28.5
2009	6.83	1.7	118.7	4.0	2399.2	453.1	27.0

资料来源：根据人民银行网站数据整理。

为应对上述局面，人民银行采取的应对措施是所谓的"冲销"，即，发行大量央行票据，来回收市场过剩的流动性人民币。外汇储备是央行的资产，央票是央行的负债。外汇储备的具体收益状况，外界不得而知，但央票成本是可以统计的，一是利率，二是本币升值损失。可以肯定地说，外汇储备的收益，不足以抵补央票利息和升值损失。除了中央银行，不会有任何有预算约束的机构会干这样的赔本买卖。针对这一局面，国内不少学者提出，应加强银行此类操作的预算约束，由财政部门资金用于外汇市场干预操作。因为财政资金使用的预算约束，总是强于中央银行央票的自产自销。2007年，中国财政部发行特殊国债购汇用于组建中投公司就是类似操作，但这又将财政部门牵扯进来，导致问题进一步复杂化。

三 关于人民币汇率水平的考虑

人民币汇率制度选择"以我为主"，具有两层含义：一是根据经济发展的需要确定汇率改革的目标；二是兼顾当前的汇率制度选择合意的改革路径。金融危机期间，人民币重新"盯住"美元，是特殊时期采取的特殊制度。金融危机之后，美元的避险功能开始淡化，同时我国经济实现"V"型强劲回升，理论上出现了一个深化人民币汇率形成机制改革，重启渐进升值进程的时间窗口。但是，汇率问题政治化，使得中国不得不将更多非经济因素纳入决策考虑，市场环境重新发生新的变化。基于现实的考虑，近期人民币汇率仍应保持基本稳定为主。

首先，希腊等欧洲国家债务危机持续发酵，欧元由此受到重挫，近几个月欧元大幅度贬值，从2009年11月至2010年4月人民币兑欧元累计升值12%，未来欧洲的经济形势仍然有进一步恶化的可能。欧洲是我国重要的贸易伙伴，中国出口商品中相当比例商品使用欧元结算，欧元大幅贬值已经使得人民币的名义有效汇率显著升值。由出口订单到商品出口通常有3—6个月的时滞，下半年进一步观察欧元贬值对中欧贸易的影响之后，再考虑人民币汇率的主动调整似乎更为稳妥。

其次，国内短期宏观经济调控要求人民币汇率保持稳定。各界普遍分析认为，今年我国经济增长将呈现"前高后低"格局。2009年以来，我国经济在金融危机中出现强劲的V型反弹，通货膨胀问题逐步凸显出来，房地产价格大幅上扬引发的方方面面风险和矛盾尤其尖锐。2009 年第 1 季度以来房地产价格指数大幅度攀升，住宅销售价格指数从 2009 年第 1 季度的 98.1 上升到 2010 年第 1 季度的 114.2，上涨幅度达到 16.4%。为此，国家密集出台调控房地产政策，国务院 2010 年 4 月 17 日出台《关于坚决遏制部分城市房价过快上涨的通知》，北京、上海等地方政府相继出台严厉的调控措施。楼市调控政策的短期结果是，价格保持坚挺，但成交量大幅下滑。下一步如果出现价格下跌的情况，在买涨不买跌心理驱动下，成交量也不会出现显著回升。房地产投资是固定资产投资的重要组成部分，主动刺破房地产泡沫和汇率升值，两个紧缩性政策叠加，可能显著拖累短期增长。

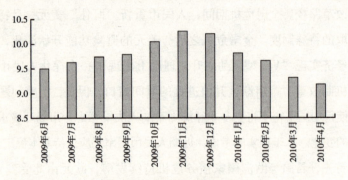

图 6—7 人民币兑欧元汇率

资料来源：根据《中国统计年鉴》各期整理。

第三，维持现行汇率安排，有助于消除人民币升值预期引发的负面影响。从理论上讲，扩大人民币汇率的浮动幅度，允许其适当升值，有助于国际收支顺差平衡。但是，当前升值预期仍然十分强烈，如果短期投资者认定汇率制度调整所带来的人民币升值不是一次性的，他们就会期待进一步的升值，向境内注入更多的短期资本，从而造成更大的升值压力。因此，与其进行不知是否能够到位的调整，不如暂时不动汇率，坚定地向市场传递汇率稳定的信号，以部分消除市场升值预期。

中长期看，人民币盯住美元保持名义汇率稳定，相当于主动放弃一项极为重要的宏观政策调控工具，容易造成国内资源在贸易品与非贸易品部门之间的资源配置低效率，加剧收入分配、贫富差距等问题，加剧经济结构扭曲及社会矛盾，不利于经济增长方式转变。

一是汇率低估导致一国生产结构的低端化，影响一国的国际分工地位。汇率低估可能阻碍创新，影响一国经济的效率提高。因为，在汇率低估的过程中，工业发展往往集中于技术水平较低的生产部门；汇率水平长期低估非但不能扩大进口替代部门的生产规模，反而会使资源从这些部门中流出，以支持低端产业的发展。在现实经济生活中，存在"不破不立"的逻辑，不可能指望完全做"加法"，某种程度上，先进生产力的发展必须以退出低端产业为代价。回顾战后起飞和发展阶段，众多日本知名品牌正是在不断出现的升值压力下，加速技术创新和产业升级，才奠定日本制造的基础。

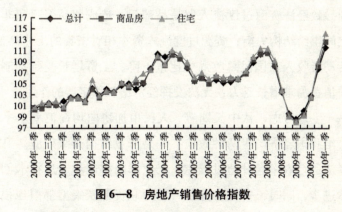

图6—8 房地产销售价格指数

资料来源：根据《中国统计月报》各期整理。

二是汇率低估导致一国资源配置的扭曲和低效率。从经济增长方式来看，货币低估通过实际收入效应影响产业结构，进而使得经济增长更加依赖于劳动力、资本、资源等生产要素投入的增长，最终导致外延增长方式在经济发展过程中居于主导地位。随着外延增长方式的持续，一国在资源、环境上的成本也逐渐加大，造成大量的能源和环境资源过度使用，形成巨额贸易顺差和巨额"生态逆差"同步积累的情况。汇率低估条件下，低端劳动密集型出口企业对劳动力的使用具有"竭泽而渔"的特征：挥霍人口红利、不考虑人力资本积累、不能够为劳动者提供有尊严的生活。我国服务业发展长期滞后，其在国民经济中的比重显著低于同水平发展中国家。服务业多属非贸易部门，当升值引起外国商品较多替代国内商品情况下，服务业将获得更多发展机会。

三是汇率低估影响经济增长潜力。表面上看，出口部门对中国经济增长作出了重大贡献，但这种贡献是以损害中国经济增长的稳定性和长期增长潜力为代价的。拉动增长的三驾马车中，净出口是最不稳定的因素，中国经济的长期增长不能建立在顺差增长上。汇率扭曲导致经济资源过度流入贸易品部门，造成贸易部门和非贸易部门之间供给结构失衡；资源过度流入资本相对密集的工业品部门，造成劳动者收入在国民总收入中比重下降，工资增长受到抑制，最终使得消费需求增长乏力，无法发挥经济增长稳定器的作用。

基于上述考虑，从中长期看，人民币加快向均衡汇率水平的回归，会给我国经济产生两种效应：一是产业结构升级效应。升值会提高经济运行效率，升值过程中，工业部门将逐步通过技术创新实现技术进步，同时，升值会抑制劳动力和资源密集型部门规模，致使资源从这些部门中流出以支持高端产业的发展，因而货币升值对我国产业结构优化、劳动生产率提高有着正面影响。二是促进经济增长方式转变效应。货币升值抑制了劳动和资源密集型为代表的低端产业的发展，降低了经济增长对生产要素投入的依赖度，实现经济从外延式增长向集约式增长的转变。同时，将加快服务业发展，提升消费在经济增长中的作用，使得经济长期增长更加稳定、可持续。

四 | 关于人民币汇率形成机制

人民币汇率问题包括两方面内容：一是汇率水平问题；二是汇率形成机制问题。在任何汇率形成机制下，政府都可能实施市场干预，将汇率引导到某一水平上。站在美国的角度，他们本质上并不关心人民币的机制，关于"操纵汇率"的界定也含糊其辞。美国只关心人民币的汇率水平，准确地讲是人民币对美元的名义汇率水平。2010 年 6 月中旬，在挑起此轮汇率争端中，充当急先锋的彼得森国际经济研究所发布的一项研究指出，人民币低估的程度有所降低，从 2009 年相对于美元低估大约 40%，降至 24% 上下。即便如此，按照 2005 年汇改以来的升值进程粗略估计，人民币实现这一幅度的升值，至少还要 3—5 年的时间。这意味着汇率问题在一定时期内仍将存在。

2010 年 6 月 19 日，人民银行宣布进一步推进汇率形成机制改革、增强人民币汇率弹性。在 2005 年汇率形成机制改革明确的制度框架内，央行操作仍有空间。比如，按照目前人民币的汇率形成机制，每天人民币波动幅度为 0.5% 上下，如果货币当局减少干预，每天都达到升值上限，短短十个交易日，即可实现 5% 幅度的升值。因此，短期内无须对干预规则作出较大调整，年内干预操作的重点是如何准确把握力度和时间窗口。一是密切关注升值对出口的影响。在考虑时滞的情况下，只要出口能保持两位数的增长，就可以考虑加快升值步伐。二是密切关注非美元主要货币的走势。一旦欧元等货币出现显著回升，就可以考虑加快人民币对美元升值进程。三是密切关注周边货币走势。周边国家与我国存在较强的出口竞争关系，经验表明，由于货币替代因素，人民币升值情况下，周边货币升值会快于人民币，如果未来这一趋势延续，人民币可适当加快升值进程。当出现相反情况时，则应进行反向调节，短期内对美元贬值。

从长期看，没有人能够预知人民币究竟最终会实行什么样的汇率制度。理论上讲，由盯住汇率制度向更灵活的汇率制度的转变，可分为以下四种：一是水平波幅内的盯住汇率（Pegged exchange rate with horizontal bands）；二是爬行盯住（Growling peg）；三是不事先公布汇率轨迹的管理浮动（Managed floating with no pre-announced path for the exchange rate）；四是独立浮动（Independently floating）。多数学者的观点是，人民币将最终走向独立浮动。这一判断符合货币理论的基本原理。因为，在独立浮动的汇率制度下，人民币可以更好地参与国际货币竞争，提高开放的国际货币体系，谋求相应的国际地位；而货币竞争的外部压力，也更有可能强制货币当局执行货币纪律。

专栏 6–1　各国的汇率制度安排

IMF（国际货币基金组织）在 1999 年以前对汇率制度的分类大致有以下几种：(1) 盯住汇率制。它是一种相对固定的汇率制度，一个国家会将本国货币盯住另一种货币或一个货币篮子。(2) 联合浮动制度。这种汇率安排在 1999 年以前主要存在于欧盟内部，欧盟成员国之间汇率相对稳定，对外实行联合浮动（当然，1999 年 1 月 1 日起，欧元进入记账流通后，这种联合浮动实际上已经不存在了）。(3) 管理浮动汇率制度。这是指货币当局对外汇市场进行干预，以使市场汇率朝向有利本国政策目标的方向浮动。(4) 单独浮动制度。这是指本国货币不与任何外国货币发生固定联系，汇率只根据外汇市场供求关系的变化而变动。

上述传统的汇率制度分类有一个较大的缺陷，即 IMF 成员国对外公布或向 IMF 上报的汇率制度往往不是该成员国实际执行的汇率制度。一些宣称采取了浮动汇率制度的国家实际上常常通过政府干预以稳定汇率，或者干脆实行实际上的盯住汇率制。为此，IMF 从 1999 年开始对汇率制度进行了重新分类，见表 6—2。新的分类方法区分了各种盯住汇率制度以反映各国货币当局在汇率上的自主性和责任权限。

表6—2　国际货币基金组织对汇率制度的新分类

单位：%

汇率制度	国家数目			
	1999 年 1 月 1 日	1999 年 12 月 31 日	2000 年 12 月 31 日	2001 年 12 月 31 日
1. 无独立法定货币的汇率安排 （Exchange rate arrangement with no separate legal tender）	37	37	38	40
2. 货币局安排 （Currency board arrangement）	8	8	8	8
3. 其他传统的固定盯住安排 （Conventional pegged arrangement）	39	45	44	41
4. 水平波幅内的盯住汇率 （Pegged exchange rate with horizontal bands）	12	6	7	5
5. 爬行盯住（Growling peg）	6	5	5	4
6. 爬行波幅内的汇率 （Growling band）	10	7	6	6
7. 不事先公布汇率轨迹的管理浮动（Managed floating with no pre-announced path for the exchange rate）	26	26	32	42
8. 独立浮动 （Independently floating）	47	51	46	40

资料来源：IMF：《国际金融统计》，1999 年 4 月，2001 年 5 月。

除此之外，不妨设想，还可能出现两种富有想象力的人民币汇率制度模式。一是全球范围内的"货币板块浮动"。随着人民币的区域化和国际化，人民币被某些货币盯住，成为这些货币的锚。围绕其他主要货币，也形成大的货币板块。货币板块之间汇率自由浮动。这种情况下，中国货币当局将不以任何其他货币为潜在的参照物，人民币将和当下的美元一样，成为不需要汇率政策的核心货币，汇率政策决定和汇率制度选择只是其他参与货币板块经济体需要考虑的问题。

二是全球围绕某种超主权货币形成新的全球固定汇率安排。可以考虑，参照国际货币基金组织的特别提款权（SDR），设计某种超主权货币。这一货币可以是现实经济生活着实际存在、履行货币职能的，也可以是虚拟的价值符号。各国货币通过某种形式的固定汇率制度，与超主权货币挂钩。从某种意义上讲，这一超主权货币实质上相当于目前人民币参考的"一篮子货币"。在全球固定汇率安排情况下，各国都将放弃各自的货币政策，各国货币都将只是超主权货币的国内替代物。

当然，在可预见的未来，我们看不到以上这两种汇率制度出现。对中国管理当局来说，处理内部经济问题永远是第一位的。贯彻落实科学发展观是一项长期任务；经济结构调整和经济增长方式转变、降低经济增长对净出口的依赖度、深化国内金融体制改革等一系列任务，都至少是跨五年规划的目标。因此，现实的人民币汇率水平决定，都仍将在保增长和调失衡调结构间权衡；汇率制度设计，都仍将在三元悖论中取舍。在可预见的未来，政府都不会放弃对汇率水平的干预，制度设计仍必须满足政府干预外汇市场的需要。当然，这也并不是说，在汇率制度上人民币就注定无所作为，局部的突破仍有可能发生。也许有一天，可以考虑公布人民币参考货币篮子、货币权数及调整规则；也许有一天，周边货币环境发生戏剧性变化，某些货币主动放弃美元，改盯人民币；也许有一天，会有新一轮布雷顿森林会议。中国作为负责任的大国，因势利导，设计出最为明智的汇率制度，为中国经济乃至世界经济稳定长期增长作出贡献。

参考文献

1. Armington Paul, A Theory of Demand for Products Distinguished by Place of Production, International Monetary Fund Staff Papers, XVI (1969), 1969.

2. Cowen, D, Regional Impact of Greater Exchange Rate Flexibility in China, 30th FAEA Conference, 2005.

3. Dirk, W, Structural Effects of a Real Exchange Rate Revaluation in China: A CGE Assessment, Munich Personal RePEc Archive, 2006.

4. Mensbrugghe, D, IMMPA in GAMS, Development Prospects Group of World Bank, working paper NO. 345, 2002.

5. De Melo, J. and Tarr. D, VERS Under Imperfect Competition and Foreign Direct Investment: A Case Study of the U. S. Japan Auto VER, Working Paper prepared for Waterloo CGE Conference, 1990.

6. Johan, P, SAFE: Forcasting Model for Netherland, CPB Working Paper for Annual Conference of Forcasting in EU, 1999.

7. J. W. Gunning and M. A. Keyzer, Applied General Equilibrium Models for Policy Analysis, In J. Behrman and T. N. Srinivasan, Handbook of Development Economics, Vol. III, 1995.

8. Liption, D. , Sachs, J, eds, Multiple shooting in rational expecta-

tions models, Econometrica, 1983, 1329—1336.

9. Lewis, J. D. Financial repression and Liberalization in a general equilibriummodel with financial Markets, Journal of policy Modeling, 1992, 14, 135—166.

10. Mansur, A. and Whalley, J, Numerical Specification of applied general equilibrium models: estimation, calibration and data, In: H. Scarf and J. Shoven, eds. Applied General Equilibrium Analysis, Cambridge: Cambridge University press, 1984.

11. Meagher, G, A General Equilibrium Analysis of Fiscal Incidence in Austrialia, Working Paper Prepared for Waterloo CGE conference, 1990.

12. Peter B. Dixon, B. R. Parmenter, J. Sutton and D. P. Vincent, ORANI: A Multisectoral Model of the Australian Economy, North-Holland, Amsterdam, 1982.

13. Peter B. Dixon, B. R. Parmenter, A. A. Powell and P. J. Wilcoxen, Notes and Problems in Applied General Equilibrium Economics, North-Holland, Amsterdam, 1992.

14. Peter B. Dixon, Evidence-based Trade Policy Decision Making in Australia and the Development of Computable General Equilibrium Modelling, Centre of Policy Studies, Monash University, Australia, 2006.

15. Rod Tyers, Trade Policy in Maco-model, lecture of modeling the open economy, Australia National University (ANU), 2008.

16. Rod Tyers, American and European Financial Shocks: Implication for China, lecture of modeling the open economy, Australia National University (ANU), 2007.

17. Rod Tyers, Appreciating the Renminbi, Working Paper of Australia National University (ANU), NO. 483, 2007.

18. Rod Tyers, China's Real Exchange Rate Puzzle, Working Paper of Australia National University (ANU), NO. 425, 2007.

19. Robinson Sherman and Andrea Cattaneo, Estimating a Social Accounting Matrix Using Entropy Methods, TMD Discussion Paper No. 33, International Food Policy Research Institute (IFPRI), Washington, D. C, 1998.

20. Robinson Sherman and Moataz El-Said, GAMS Code for Estimating a Social Accounting Matrix (SAM) Using Cross-Entropy (C – E) Methods, TMD Discussion Paper No. 64, International Food Policy Research Institute (IFPRI), Washington, D. C. , 2000.

21. Robinson Sherman, Exchange Rate and CGE Models, Lecture on the GTAP Conference, 2003.

22. Schweickert, R. and Thiele, R. , Exchange Rate Policy in a Dollarized Economy: A CGE Analysis for Bolivia, Kiel Working Paper No. 1255, Kiel Institute for World Economics, 2005.

23. Timo Henckel, Money and Output in the Short-Run, Lecture of Monetary Policy and Central Banking in the Asia Pacific, Australia National University, 2008.

24. Timo Henckel, Time (In) consistency, Lecture of Monetary Policy and Central Banking in the Asia Pacific, Australia National University, 2008.

25. Walsh, C. E. , Monetary Theory and Policy, 2nd Edition, Chapters 5 & 11, Cambridge: MIT Press, 2003.

26. Whalley, J. , Trade Liberalization among Major World Trading Areas,

MIT Press, Cambridge, Mass, 1985.

27. Bergsten, Fred (2003): "The Correction of the Dollar and Foreign Intervention in the Currency Markets." Testimony Before the Committee on Small Business United States House Representative Washington, DC.

28. Bergsten, Fred and John Williamson (2003): Dollar Overvaluation and the World Economy, Special Report 16, Institute for International Economics, February.

29. Burton and Lipschitz (2003): "Staff Report for the 2003 Article IV Consultation." Prepared by the Staff Representatives for the 2003 Consultation with Japan, July 29, IMF.

30. Eichengreen, Barry (2003): "China Should Unpeg the Remninbi Now." August.

31. The Gale Group (2003): "Is the Chinese currency, the renminbi, dangerously undervalued and a threat to the global economy? Over thirty important experts offer their views; A Symposium Of Views." Mach 22.

32. Goldstein, Morris and Nicholas Lardy (2003): "Two-Stage Currency Reform For China." Asian Wall Street Journal, September 12.

33. Goldstein, Morris and Nicholas Lardy (2003): "A Modest Proposal for China's Renminbi." Financial Times,

34. Rowthorn, Robert, and Ramana Ramaswamy (1999): "Growth, Trade, and Deindustrialization." IMF Staff Papers, Vol. 46, No. 1, March.

35. Rowthorn, Robert, and Ramana Ramaswamy (1997): "Deindustrialization: Causes and Implications." IMF WP/97/42. Published in

the Staff Studies for the World Economic Outlook 1997.

36. Yu, Yongding (2001): "What Can We Learn from the Asian Financial Crisis?" Research Center for International Finance, Chinese Academy of Social Sciences, Working Paper Series No. 01, August.

37. Zhang, Zhichao (2003): "The Chinese Exchange Rate Policy at the Crossroad: Revaluation and Liberalization", mimeo, Durham University.

38. 毕吉耀:《人民币汇率变动对中国就业的影响》, 国家发展改革委宏观经济研究院 2008 年度重点课题。

39. 程英:《论人民币汇率机制改革对我国就业的影响》,《经贸研究导刊》20007 年第 10 期。

40. 范言慧、宋旺:《实际汇率对就业的影响——对中国制造业总体的经验分析》,《世界经济》2005 年第 4 期。

41. 万解秋、徐涛:《汇率调整对中国就业的影响——基于理论与经验的研究》,《经济研究》2004 年第 2 期。

42. 俞乔:《论我国汇率政策与国内目标的冲突及协调》,《经济研究》1999 年第 7 期。

43. 丁剑平、鄂永健:《实际汇率、工资和就业——对中国贸易部门和非贸易部门的实证研究》,《财经研究》2005 年第 11 期。

44. 张岸元等:《优化我国金融市场家结构思路研究》, 国家发展改革委员会宏观经济研究院重点课题, 2009 年。

45. 张岸元:《中美关系中的跨国公司因素》,《世界经济与政治》2001 年第 1 期。

46. 张岸元:《中美关系与美对华直接投资相关性的验证》,《现代国际关系》2002 年第 12 期。

47. 冼国明、张岸元:《跨国公司与美国国会对华政治》,《世界经济》2004 年第 4 期。

48. 张岸元：《促进国际收支基本平衡》，《人民日报》2007 年 1 月 12 日。

49. 陈东祺、张岸元、王元：《人民币汇率形成机制改革三十年》，《纪念改革开放三十周年理论研讨会文集》2008 年 12 月。

50. 卢锋、陈建奇、王健等：《复苏不易、景气难再——奥巴马元年美国经济透视》，北京大学国家发展研究院工作论文 No. C2010002，2010 年 3 月。

51. 榊原英资：《人民币升值与否应由中国自行决定》，《中国证券报》2010 年 4 月 6 日。

52. 宋洁云、冯俊扬、豪尔赫·卡斯特罗：《人民币汇率稳》，《经济参考报》2010 年 2 月 24 日。

53. 徐奇渊：《汇率升值 同途殊归的德国和日本》，《21 世纪经济报道》2010 年 4 月 13 日。

54. 余永定：《美国经济再平衡与贸易保护主义》，《21 世纪经济报道》2009 年 11 月 16 日。

55. 朱建宁：《美国内上演人民币升值"口水战"》，东方财富网 2010 年 3 月 26 日。

56. 国家发改委综合司课题组：《中国社会核算矩阵的编制及其应用》，国家发改委综合司课题，2002 年。

57. 国家发改委综合司课题组：《中国 CGE 模型及政策分析应用研究》，国家发改委综合司课题，2004 年。

58. 魏巍贤：《中国出口与有效汇率的关系分析》，《统计研究》1997 年第 5 期。

59. 何新华、吴海英等：《中国宏观经济季度模型 China_ QEM》，社会科学文献出版社 2003 年版。

60. 郭飞：《人民币升值对中国进出口贸易的 CGE 研究》，湖南大学硕士学位论文，2007 年。

61. 李慧慧：《人民币升值对中国贸易的影响——基于 CGE 模型的分析》，湖南大学硕士学位论文，2007 年。

62. 王直、王慧炯等：《中国加入世贸组织对世界劳动密集产品市场与美国农业出口的影响—动态递推可计算一般均衡分析》，《经济研究》1997 年第 4 期。

63. 樊明太、郑玉歆：《贸易自由化对中国经济影响的一般均衡分析》，《世界经济》2000 年第 4 期。

64. 樊明太、郑玉歆等：《中国 CGE 模型：基本结构及有关应用问题（上）》，《数量经济技术经济研究》1998 年第 12 期。

65. 翟凡、李善同等：《一个中国经济的可计算一般均衡模型》，《数量经济技术经济研究》1997 年第 3 期。

66. 范金：《人民币汇率对于国内经济影响的一般均衡分析》，中国经济出版社 2005 年版。

67. 杜玉明：《福建 CGE 模型研究》，福州大学硕士学位论文，2004 年。

68. 贺晋：《中国利率效果的一般均衡分析》，中央财经大学硕士学位论文，2005 年。

69. 陈灵广：《中国社会核算矩阵的建立》，中央财经大学硕士学位论文，2003 年。

70. 霍丽骊等：《CDF－CGE 模型的基本结构及应用》，《数量经济与技术经济研究》2006 年第 1 期。

71. 潘省初：《计量经济学》（第二版），中国人民大学出版社 2008 年版。

72. 余永定：《西方经济学》（第三版），经济科学出版社 2003 年版。

73. 董承章：《投入产出分析》，中国财政经济出版社 1999 年版。

74. 汪同三、沈利生：《经济模型集》，社会科学文献出版社 2001 年版。

75. 张岸元：《海关特殊监管区域发展前景及政策整合》，国家发改委对外经济研究所课题，2006 年。

76. 张哲人：《中国金融 CGE 模型的建立与应用》，中央财经大学硕士学位论文，2005 年。

77. 张哲人：《中日韩自由贸易区的一般均衡分析》，《中国经济时报》2006 年 8 月 17 日。

78. 张哲人：《出口鼓励政策有必要调整》，《中国证券报》2007 年 5 月 15 日。

79. 张哲人：《中国—秘鲁自贸区建立对我国经济影响》，商务部课题"中国—秘鲁自贸区可行性研究"分报告三，2007 年。

80. 张哲人等：《对输入型通货膨胀压力的初步探讨》，《中国经贸导刊》2007 年第 18 期。

81. 张哲人、刘冰：《2005 年中国实务型和金融型社会核算矩阵的建立》，国家发展和改革委对外经济研究所课题报告，2009 年。

82. 张哲人：《对未来全球通胀走势的初步探讨》，《中国经贸导刊》2009 年第 20 期。

83. 张哲人：《我国出口鼓励政策的作用机制、有效性和调整方向》，引自《中国对外经济新思维》第 15 章，中国计划出版社 2009 年版。

84. 张哲人：《当前出口政策评价和未来政策取向》，《国际贸易》2009 年第 10 期。

85. 张一、张哲人：《中长期规划中的相关政策取向分析——基于 CGE 模型的分析》，引自《中国发展战略和中长期规划研究》第 20 章，中国计划出版社 2009 年版。

86. 王直：《Computable General Equilibrium Modeling and Its Applicationin Trade Policy Analysis》，清华大学管理学院课件，2007 年。

责任编辑:阮宏波 忽晓萌 刘敬文

责任校对:吕 飞

图书在版编目(CIP)数据

人民币汇率:历史、现状和未来/毕吉耀 等著. -北京:人民出版社,2013.4
ISBN 978 - 7 - 01 - 011851 - 2

Ⅰ.①人… Ⅱ.①毕… Ⅲ.①人民币汇率-研究 Ⅳ.①F832.63

中国版本图书馆 CIP 数据核字(2013)第 051702 号

人民币汇率:
RENMINBI HUILÜ
历史、现状和未来

毕吉耀 等著

人 民 出 版 社 出版发行
(100706 北京市东城区隆福寺街 99 号)

北京瑞古冠中印刷厂印刷 新华书店经销

2013 年 4 月第 1 版 2013 年 4 月北京第 1 次印刷
开本:710 毫米×1000 毫米 1/16 印张:14.75
字数:175 千字 印数:0,001-3,000 册

ISBN 978 - 7 - 01 - 011851 - 2 定价:35.00 元

邮购地址 100706 北京市东城区隆福寺街 99 号
人民东方图书销售中心 电话 (010)65250042 65289539